ACTUALITÉS SCIENTIFIQUES.

INSTRUCTION

SUR LES

PARATONNERRES,

ADOPTÉE

PAR L'ACADÉMIE DES SCIENCES.

Instructions ou Rapports de 1784, 1823, 1854, 1867 et 1903.

PARIS,
GAUTHIER-VILLARS, IMPRIMEUR-LIBRAIRE
DU BUREAU DES LONGITUDES, DE L'ÉCOLE POLYTECHNIQUE,
Quai des Grands-Augustins, 55.

1904

INSTRUCTION

SUR LES

PARATONNERRES.

ACTUALITÉS SCIENTIFIQUES.

INSTRUCTION

SUR LES

PARATONNERRES,

ADOPTÉE

PAR L'ACADÉMIE DES SCIENCES.

Instructions ou Rapports de 1784, 1823, 1854, 1867 et 1903.

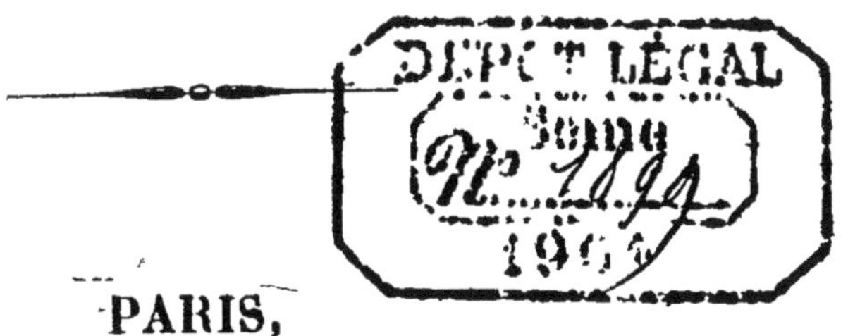

PARIS,
GAUTHIER-VILLARS, IMPRIMEUR-LIBRAIRE
DU BUREAU DES LONGITUDES, DE L'ÉCOLE POLYTECHNIQUE,
55, Quai des Grands-Augustins.

1904

TABLE DES MATIÈRES.

PREMIÈRE PARTIE, ADOPTÉE EN 1784.

(Commission : *Franklin, Le Roy, Coulomb, Laplace, abbé Rochon.*)

DEUXIÈME PARTIE, ADOPTÉE EN 1799.

M. LE ROY, rapporteur.

TROISIÈME PARTIE, ADOPTÉE EN 1823.

M. Gay-LUSSAC, rapporteur.

QUATRIÈME PARTIE, ADOPTÉE EN 1854 ET 1855.

M. POUILLET, rapporteur.

CINQUIÈME PARTIE, ADOPTÉE EN 1867 ET 1868.

M. POUILLET, rapporteur.

SIXIÈME PARTIE, ADOPTÉE EN 1903.

M. E. MASCART, rapporteur.

INSTRUCTION

SUR LES

PARATONNERRES.

RAPPORT FAIT A L'ACADÉMIE DES SCIENCES.

(24 avril 1784.)

Commission : Franklin, Le Roy, Coulomb, de Laplace, abbé Rochon.

MM. Franklin, Le Roy, Coulomb, de Laplace et l'abbé Rochon ont fait le Rapport suivant :

M. le Maréchal de Gégno ayant envoyé à l'Académie deux projets pour armer de paratonnerres les magasins à poudre de la ville de Marseille et mandé, dans la lettre qui les accompagnait, que le Roi désirait que la Compagnie les fît examiner et en donnât son avis; l'Académie nous a nommés pour lui en rendre compte. Nous allons le faire avec tout le soin que demande un sujet de cette importance, non seulement par la nature de son objet, mais encore par les heureux effets qui en résulteront, car rien n'est plus propre à multiplier de toutes parts les paratonnerres que l'exemple que donnera Sa Majesté, en en faisant armer les magasins à poudre de son Royaume.

Mais, avant de parler des projets que nous avons été chargés d'examiner, il ne sera pas inutile de se rappeler en peu de mots la théorie qui doit servir de guide dans l'établissement des paratonnerres ou des conducteurs.

Pour armer un édifice quelconque de manière à le mettre à l'abri de la foudre, au moyen d'un ou plusieurs conducteurs, il y a différentes circonstances auxquelles on doit avoir une attention particulière.

1° Il est nécessaire de connaître ou de déterminer quelle est son étendue, afin de décider s'il faudra en mettre un ou plusieurs, car c'est un point sur lequel il est important de statuer avant de ne rien entreprendre; malheureusement les expériences électriques ne nous ont encore rien appris qui puisse nous mener à connaître l'étendue de la sphère d'action de la pointe d'un conducteur, mais depuis qu'on en a armé des édifices, plusieurs observations nous ont appris que des parties de ces édifices, qui se sont trouvées à une distance de plus de 45 pieds de la pointe du conducteur, ont été foudroyées, d'où il suit tout naturellement qu'il faut les placer de manière que leur sphère d'action n'ait à défendre que des parties situées à une moindre distance.

2° Lorsqu'il y a plusieurs pointes ou flèches sur un édifice, il faut les faire bien communiquer ensemble et faire communiquer de même toutes les parties du comble de l'édifice qui sont recouvertes en plomb ou qui ont quelque autre métal, comme des pointes de fer appartenant à des girouettes, ou à quelques ornements, afin que le tout ne fasse qu'un système de corps métallique qui, avec les barres de transmission, soit propre à faire passer la matière fulminante du haut en bas de l'édifice, de quelque part qu'elle vienne.

3° Il n'est pas moins important que ces barres soient intimement unies entre elles, afin que cette matière ne trouve aucune résistance dans son passage de haut en bas, car la solution de continuité dans ces barres produit toujours une résistance plus ou moins grande, selon l'étendue de leur séparation, parce qu'il faut alors que la matière fulminante ou électrique saute de l'une à l'autre de ces barres.

4° Enfin, il faut qu'elles communiquent bien exactement avec la terre humide, ou mieux encore avec l'eau, pour qu'il y ait un passage facile et toujours ouvert le long de ces barres de transmission avec la masse de la terre ou le grand réservoir commun de la matière électrique.

Quant à la hauteur des pointes, elle doit être au moins de 12 ou 15 pieds et plus même, si l'édifice est fort grand; ce qu'il y a de certain, c'est que plus elles seront élevées, plus leur sphère d'activité s'étendra à une grande distance. On leur donnera deux pouces en carré par en bas et même plus en proportion de ce que leur hauteur excédera celle de 15 pieds. Et quant à la grosseur des barres de transmission, il paraît qu'en leur donnant 8 à 10 lignes en carré, ou 1 pouce tout au plus, cette grosseur sera plus que suffisante pour qu'elles transmettent la matière fulminante du plus violent coup de tonnerre. Ce qu'il y a de certain, c'est que l'observation ne nous a encore fourni aucun exemple de barres de fer de cette grosseur qui aient été en aucune façon fondues ou altérées par le passage de la foudre.

Après ces notions préliminaires sur la manière d'établir les conducteurs et sur les dimensions qu'on doit donner aux parties dont ils sont composés, il faut en venir à l'examen des deux projets pour armer les magasins à poudre de Marseille, envoyés par M. le Maréchal de Gégno et signés par MM. Ravet de Puy-Contal et Pierron, l'un officier dans le

Corps royal d'artillerie et l'autre dans le Corps royal du génie.

Ces deux projets ont été formés pour le même magasin qui a 31 toises de long sur 8 de large, ou à peu près. Dans le premier on établit trois pointes ou flèches, sur le faîtage du magasin et dans sa longueur; à celles-ci on en ajoute quatre autres placées respectivement à chaque angle du bâtiment. Dans le second projet on place de même trois pointes sur le faîtage, mais au lieu d'en mettre aux quatre angles du bâtiment, on les établit en quinconce des deux côtés du toit avec des barres de fer de transmission horizontales qui règnent tout le long et qui font communiquer ces pointes les unes avec les autres.

Quant à la manière dont elles sont arrêtées ou scellées sur le faîtage, dont les barres de transmission sont assemblées les unes avec les autres, enfin dont elles vont se rendre dans l'eau, elle est la même pour les deux projets. En jetant un coup d'œil sur les dessins, l'Académie concevra sans peine tout ce que nous venons d'exposer sur la nature de l'un et de l'autre.

Pour prononcer sur celui des deux qui doit être préféré, nous remarquerons que le second, avec les barres de transmission couchées horizontalement le long du toit, entraînerait une trop grande dépense et qui ne paraît pas nécessaire; mais pour les pointes qu'on y emploie, il faut les conserver; seulement, au lieu de les placer en quinconce comme on le propose dans ce projet, on les établira de manière que chacune d'elles réponde exactement à la moitié de l'intervalle qui se trouve entre la pointe du milieu du faîtage et celle de l'extrémité. Et au lieu de faire communiquer ces pointes ensemble par des barres de transmission couchées le long du toit, on les fera communiquer avec celles du faîtage par des barres qui viendront les joindre perpendiculairement en rampant le long du toit. Par là on aurait également la communication intime de toutes les pointes sans la dépense qu'entraîneraient des barres couchées horizontalement tout autour du toit. Ce point réglé il faut passer à l'examen de la manière dont on propose de réunir ou d'assembler les différentes parties des paratonnerres de ces deux projets.

Il paraît que MM. Pierron et Ravet, auteurs de ces projets, pénétrés de la nécessité d'établir une communication bien intime entre ces parties, ont cru qu'on ne devait jamais épargner rien pour y parvenir, mais nous ne pouvons nous empêcher de penser que ces Messieurs ont poussé trop loin le scrupule à cet égard, et que la manière dont ils proposent d'unir ensemble toutes les parties de leur système conducteur comporterait trop de travail et une dépense superflue. En effet, les vis aux extrémités des barres de transmission, les écrous dans les espèces de pitons chargés de les recevoir, ne manqueraient pas de demander des frais assez considérables pour être bien faits et remplir leur objet. Nous croyons qu'on pourrait y procéder plus simplement : voici en conséquence comment nous pensons qu'on pourrait armer ces magasins, en partant d'après ce qui nous est exposé et en réunissant dans l'établissement de leurs paratonnerres la solidité et tout ce qui peut en assurer l'effet et l'économie, conformément à ce que paraît désirer M. le Maréchal de Gégno, selon les termes de sa lettre.

On conservera les jambes de force des flèches dans les magasins à poudre qu'on se propose d'armer à Marseille et dans d'autres ports où ils se trouvent exposés à de grands vents de mer; mais dans d'autres magasins situés dans l'intérieur du Royaume, on pense qu'on pourrait s'en passer, l'expérience ayant montré que des pointes, avec les dimensions qui sont indiquées dans les dessins, sont suffisantes pour résister aux efforts des vents qu'on y éprouve; mais on donnera plus de hauteur aux flèches en la portant jusqu'à 15 pieds; au bas de chaque flèche, et immédiatement au-dessus de l'endroit où elle sera scellée, dans la pierre de taille, on pratiquera ou on réservera de chaque côté une oreille circulaire ayant 2 pouces de diamètre ou à peu près et 2 lignes d'épaisseur. On y fera au centre un trou de 5 lignes de diamètre; au bout de la première barre de transmission qui sera attachée à cette flèche, on pratiquera une oreille toute semblable, on en fera autant à l'autre bout, de manière que toutes les barres de transmission auront ainsi une oreille à chacune de leurs extrémités.

Pour faire la réunion de toutes ces parties les unes avec les autres, on appliquera l'oreille d'une de ces barres contre celle d'une autre en mettant entre deux une lame de plomb; et, au moyen d'un écrou entrant sur une vis à tête et dont la tige passera à travers l'œil de ces oreilles, on les serrera fortement l'une contre l'autre. De cette manière ces barres seront bien assemblées les unes avec les autres; on pourra les séparer facilement et cet ajustement sera très facile à exécuter. Pour soutenir ces barres de transmission le long du toit, on pourra établir et sceller dans la pierre de taille, de distance en distance, des pitons fendus par en haut, pour les recevoir. Quant à la position et à la distribution des pointes ou des flèches, on les établira comme nous l'avons proposé, trois sur le faîte et deux de chaque côté du toit répondant respectivement au milieu de l'intervalle entre la flèche du milieu du bâtiment et celle de l'extrémité. Ces pointes du toit communiqueront avec les barres de transmission régnant le long du faîtage, comme nous l'avons dit plus haut et s'élèveront de manière à déborder ce faîtage au moins de 6 pieds. Par cette disposition des différentes pointes de ce bâtiment, il se trouvera que toutes les parties de son comble seront bien défendues par ces pointes, n'en ayant aucunes qui ne soient fort en dedans de la sphère d'activité dont nous avons parlé. On ne peut qu'applaudir d'ailleurs à la manière dont on a fait communiquer les barres de transmission à l'eau en les menant jusqu'à la mer. Cependant, si à l'autre extrémité du bâtiment il se trouvait de la terre à la superficie et que le sol ne fût pas entièrement du rocher, on pourrait y faire descendre des barres de transmission de la pointe placée à cette extrémité : cela pourrait servir à diminuer l'espace que la matière fulminante aurait à parcourir de l'autre côté. La manière dont les pointes en cuivre sont adaptées à la flèche est bien ; on les ajuste ici à vis, l'une et l'autre méthode sont bonnes, mais par la dernière on peut démonter facilement cette pointe et c'est un avantage, car cela est quelquefois nécessaire ; on en a vu de fondues par le passage de la matière fulminante dans un coup de tonnerre.

Telles sont les observations que nous avons cru devoir faire sur les deux projets, pour armer de paratonnerres les magasins à poudre de la ville de Marseille, que M. le Maréchal de Gégno a envoyés à l'Académie, ainsi que les changements que nous avons cru devoir proposer à la manière de faire communiquer ensemble toutes les différentes parties de l'appareil ; mais avant de terminer ce Rapport nous devons à MM. Ravet de Puy-Contal et Pierron la justice de dire qu'on reconnaît, par la manière dont leurs projets sont conçus, qu'ils entendent très bien la matière et qu'ils sont très en état de faire armer de paratonnerres les magasins à poudre que M. le Maréchal de Gégno les chargera de défendre contre les ravages de la foudre.

INSTRUCTION

SUR LES PARATONNERRES

DES MAGASINS A POUDRE.

COMMISSION COMPOSÉE DE

MM. LAPLACE, COULOMB; LE ROY, rapporteur ([1]).

Le cit. Le Roy, au nom d'une Commission, lit le rapport suivant sur la construction d'un paratonnerre proposé par le cit. Regnier.

Le Ministre de la Guerre ayant chargé la Commission intermédiaire de l'artillerie de lui donner son opinion sur un projet de disposition des parties d'un paratonnerre pour un magasin à poudre, présenté par le cit. Regnier, garde du dépôt des modèles et archives de l'artillerie, la Commission en a fait un rapport favorable : mais en témoignant, cependant, qu'elle regardait comme un préalable nécessaire que l'Institut fût consulté avant qu'on en vînt à l'exécution de

---

([1]) Rapport fait à la 1re classe de l'Institut, le 6 nivôse an VIII (27 décembre 1799).

ce paratonnerre. Cette idée ayant été pleinement adoptée par ce Ministre, il a renvoyé à l'Institut le projet du cit. Regnier pour l'examiner et lui en donner son avis.

Nommés par la Classe pour lui en faire un Rapport les cit. Laplace, Coulomb et moi, nous allons lui rendre compte de l'examen que nous en avons fait. Mais auparavant nous avons cru devoir faire quelques observations sur les paratonnerres en général et rapporter quelques faits propres à en faire mieux connaître les effets. Cela nous a paru d'autant plus nécessaire qu'il semble, par un Mémoire envoyé au Ministre de la Guerre par le général Aboville, membre de la Commission dont nous venons de parler, que quelques officiers de cette même Commission ont témoigné des craintes sur la sûreté de ces effets.

D'ailleurs ce que nous dirons à ce sujet servira à confirmer les observations judicieuses que ce général a faites dans son Mémoire pour montrer que ces craintes ne sont pas fondées.

On ne pouvait guère, après la découverte de l'identité de la matière fulminante avec la matière électrique faite en France en 1752, se défendre d'admettre la théorie sur laquelle l'illustre Franklin avait établi la propriété des paratonnerres pour préserver les édifices de la foudre.

Cependant, comme dans un objet de cette nature et de cette importance la théorie, quoique bien fondée, a encore besoin d'être confirmée par les faits, on pouvait douter à cette époque que les paratonnerres eussent réellement les avantages que Franklin leur attribuait. Mais aujourd'hui qu'une multitude d'observations et d'expériences faites dans les deux mondes ont prouvé la vérité de ce que cette théorie nous avait annoncé, il n'est plus permis de mettre en question l'utilité des paratonnerres et de n'en pas regarder la découverte comme une des plus précieuses de la Physique moderne.

Nous devons faire remarquer même que ces observations ont non seulement prouvé que lorsqu'ils sont bien construits, ils transmettent exactement la matière fulminante du haut en bas des édifices, mais encore qu'ils ne cessent pas de la conduire, dans cette direction, sans accident, bien qu'ils aient quelques défectuosités qui pourraient les faire craindre.

A ce sujet, le général Aboville observe et avec raison (dans le Mémoire déjà cité) que les défectuosités qu'on peut avoir à craindre, dans un paratonnerre, regardent particulièrement sa pointe, si elle est émoussée, et son conducteur s'il s'y rencontre quelque solution de continuité.

Et il fait voir ensuite, par différents raisonnements, que même en supposant ces défectuosités ou imperfections dans un paratonnerre, il offrirait encore pour l'édifice sur lequel il serait établi une plus grande sûreté contre la foudre que s'il n'en était pas armé; or les observations dont nous avons fait mention, ayant prouvé, comme on le verra dans un moment, que les paratonnerres ont cet avantage, on a par là une preuve expérimentale de la vérité de l'opinion de ce général, sur le service qu'on peut encore en tirer même quand ils ont ces défectuosités.

En effet, elles nous ont fourni différents faits, qui montrent : 1° que, quoique les pointes des paratonnerres soient émoussées, elles ne cessent pas pour cela d'attirer la foudre des nuages et de la déterminer à se jeter sur elles de préférence aux autres objets qui les environnent; 2° que, bien que la solution de continuité ait eu lieu dans quelques parties d'un paratonnerre, cependant, lorsqu'elle n'était pas trop considérable, la transmission de la matière fulminante s'en faisait encore le long de son conducteur, sans accident.

On avait déjà quelques observations, qui montraient la vérité de ce premier avantage, c'est-à-dire que des paratonnerres dont les pointes avaient été émoussées par la foudre n'avaient pas perdu pour cela la propriété de l'attirer encore de préférence aux autres parties de l'édifice. Mais les observations du feu Dr Rittenhouse, de Philadelphie, ne laissent aucun doute à ce sujet.

Ce savant avait un excellent télescope de réflexion, avec lequel il se plaisait à examiner, et à passer en revue, les pointes des différents paratonnerres de cette ville, où ils sont en grand nombre; il y en a vu beaucoup, dont les pointes étaient émoussées, sans avoir appris que les maisons où ces paratonnerres étaient établis eussent été frappées de la foudre, depuis cette fusion de leur pointe; or cela n'aurait pas manqué d'arriver à quelques-unes au moins au bout d'un certain temps si leurs paratonnerres n'avaient pas continué de bien faire leurs fonctions. Car cette fusion des pointes annonçait évidemment que la foudre avait antérieurement visité ces quartiers et par là montrait qu'elle pouvait les visiter encore. En effet nous savons, par nombre d'observations, que lorsque par un concours de circonstances locales (qu'on n'a pas encore bien pu déterminer) le tonnerre est tombé dans quelques endroits ou sur certains édifices, il n'est pas rare de l'y voir retomber encore.

Mais, quoi qu'il en soit des observations du Dr Rittenhouse, relativement aux paratonnerres dont les pointes, quoique émoussées, n'ont cependant pas cessé de bien remplir leurs fonctions, on pourrait s'en passer, car nombre d'observations d'un autre genre nous ont appris que la foudre a été attirée par des corps métalliques qui se trouvaient sur des édifices bien qu'ils fussent de formes peu aiguës.

On a vu cent fois des croix de fer et des coqs de cuivre, situés sur des clochers, ainsi que des girouettes de fer-blanc, des barres de fer, et même de simples lames de ce métal ou d'un autre, qui étaient sur des édifices, attirer la foudre et devenir par cét effet la cause de tous les ravages qu'elle y faisait ensuite. Car ces coqs, ces girouettes, etc., n'étant pas munis de conducteurs, ou de barres métalliques propres a transmettre la matière fulminante du haut en bas dans la terre, ou le réservoir commun, il arrivait que la foudre s'étant jetée sur ces différents corps métalliques, elle se répandait ensuite de toutes parts dans ces édifices et produisait tous ces ravages.

Nous venons de montrer, par les faits, que les pointes des paratonnerres, bien qu'émoussées, ne perdent pas pour cela la faculté d'attirer la foudre de préférence à tout ce qui les environne; et ainsi qu'elles conservent encore leur propriété essentielle, c'est-à-dire celle de la diriger sur les paratonnerres dont elles font partie.

Nous allons faire voir maintenant que, quoique leurs conducteurs aient quelque solution de continuité, pourvu qu'elle ne soit pas trop considérable, ils continuent de même à remplir leur fonction; un des exemples les plus frappants de cette vérité de fait c'est ce qui arriva sur un vaisseau américain au mois d'avril 1769, et qui est rapporté dans les *Transactions philosophiques* de l'année 1770. Ce vaisseau se trouvait sur les côtes de l'Amérique pendant la nuit et au milieu d'un grand orage; les gens de l'équipage tout effrayés vinrent avertir le capitaine qu'on voyait une traînée de feu, dans une partie du gréement qui répondait au dessous du milieu du paratonnerre.

Le capitaine s'étant transporté aussitôt de ce côté-là, il vit en effet un courant de feu plus ou moins vif, tantôt pétillant et tantôt n'offrant qu'une lumière tranquille; et ayant conjecturé aussitôt la cause de cette apparence, il ne tarda pas à rassurer son équipage. Il n'eut rien de plus pressé le lendemain matin que de visiter la chaîne de son paratonnerre. Il la trouva cassée, un des anneaux de ses chaînons ayant été séparé en deux.

Mais, par un hasard heureux, les deux parties de cet anneau ayant été retenues par la corde qui attachait la chaîne au galhauban, elles ne se trouvèrent séparées l'une de l'autre, après cette cassure, que par un intervalle de trois quarts de pouce, mesure anglaise. Il observa encore que chacun des bouts cassés formait une espèce de pointe, ce qui avait donné lieu au courant de matière fulminante que l'on avait vu la veille : tout se borna à cette apparence. On ne sentit dans le vaisseau ni secousse (comme cela arrive dans ces occasions), ni commotion, qui pussent faire soupçonner que cette cassure du conducteur eût empêché en aucune manière la transmission de la matière fulminante, de la pointe du paratonnerre au haut du mât, en bas dans la mer. Il n'est pas inutile d'ajouter en passant, par rapport à la nécessité d'établir les paratonnerres à demeure sur les vaisseaux, que l'accident arrivé à celui du vaisseau américain était venu de la précipitation avec laquelle on l'avait monté à l'approche de l'orage.

On trouve encore dans les œuvres de Franklin un exemple de ce genre. On y voit qu'un paratonnerre, dont la pointe d'en haut ne communiquait avec la barre de fer d'en bas;

entrant dans la terre, que par un fil de laiton beaucoup trop délié, fut frappé de la foudre; et que bien que ce fil eût été fondu par le passage de la matière fulminante, cependant la transmission ne s'en fit pas moins du haut en bas, sans aucun dommage pour la maison. Enfin nous apprenons par les relations des effets de la foudre sur différents édifices où elle est tombée, telles par exemple que celle des ravages qu'elle fit dans l'abbaye de Saint-Médard de Soissons, dans le siècle dernier, que des fils métalliques fondus en partie par la matière fulminante avaient cependant servi à sa transmission comme s'ils eussent été continués.

Les œuvres du philosophe de Philadelphie que nous venons de citer nous fournissent aussi plusieurs exemples de faits semblables. Au reste nous ne prétendons point, par les exemples que nous venons de rapporter, qu'on puisse se dispenser de former une communication bien exacte et continue entre les différentes parties du conducteur d'un paratonnerre; nous nous sommes proposé seulement de montrer par les faits que, même dans le cas où il se trouve quelque solution de continuité entre ses parties, pourvu qu'elle ne soit pas trop grande, la transmission de la foudre ne s'en fait pas moins, et qu'on n'a encore rien à en redouter.

Nous craindrions de nous être trop étendus dans ce que nous venons de dire sur les paratonnerres si nous n'en avions donné les raisons dans le commencement de ce Rapport, et s'il n'était pas tenu de faire cesser toutes les incertitudes sur la sûreté et les avantages de leurs effets. Nous allons passer à la disposition proposée par le cit. Regnier pour un paratonnerre destiné à défendre un magasin à poudre.

Ce paratonnerre, dont le dessin est sur le bureau sous les yeux de l'Assemblée, est formé de ce que l'auteur appelle une *aiguille en bois*, qui s'élève de 2^{m} au-dessus du faîte du magasin et qui, faite d'un bois fort sec, doit être recouverte d'un enduit de résine. Sur cette aiguille est solidement attaché une espèce de chapiteau en cuivre ou d'entonnoir renversé, qui porte la pointe ou la flèche du paratonnerre. Des deux bords opposés de ce chapiteau partent des cordes de fils de fer qui vont s'attacher, à la distance convenable, à des barres du même métal enfoncées jusqu'à la terre humide; ces cordes sont formées de 27 fils de fer recuits et bien réunis ensemble.

La flèche de ce paratonnerre doit être terminée à son sommet par une petite pointe en platine, comme on l'a déjà proposé. Telles sont les dispositions que le cit. Regnier compte donner aux différentes parties de son paratonnerre pour les magasins à poudre : il faut les examiner.

L'espèce d'isolement de la pointe, au moyen de l'aiguille de bois, peut être employé pour une plus grande précaution; quoique nombre d'observations nous aient appris que jamais la matière fulminante ne quitte le fer ou les métaux, pour se jeter sur le bois. Mais nous devons observer qu'il est essentiel de donner à cette aiguille une grosseur suffisante pour que, par sa force, elle puisse résister aux efforts du vent, surtout dans les lieux élevés, sans quoi elle pourrait être cassée, et la pointe emportée. Quant à la manière dont l'auteur fait communiquer la pointe du paratonnerre avec les barres métalliques enfoncées en terre, et qui servent à transmettre la matière fulminante directement au réservoir commun, nous ne pouvons que l'approuver : les cordes métalliques dont il se sert pour cette communication étant très propres pour remplir cet objet. Enfin, c'est avec raison qu'en les faisant descendre il les a tenues à une distance convenable du magasin.

Mais nous devons ajouter, en finissant, que les barres métalliques d'en bas, ou destinées à transmettre la matière fulminante directement au réservoir commun, doivent non seulement communiquer avec la terre humide, mais que, pour une plus grande sûreté, il est nécessaire encore de les faire communiquer à l'eau par des puits ou autrement comme on l'a pratiqué aux magasins à poudre du port de Brest, et comme les Anglais l'ont fait à ceux de Purfleet, auprès de Londres.

Nous croyons qu'il n'est pas inutile de remarquer ici que les officiers d'artillerie qui ont fait le Mémoire dont nous avons parlé au commencement de ce Rapport paraissent n'avoir pas été très bien instruits sur les paratonnerres qui ont été établis en France sur les magasins à poudre, lorsqu'ils ont dit qu'il n'y en avait pas; car, indépendamment de ceux dont on a armé les magasins à poudre de Marseille en 1784 sur les avis de la ci-devant Académie des Sciences, le cit. Le Roy, l'un de nous, en a fait mettre il y a près de 15 ans sur plusieurs de ces magasins à Brest et dans d'autres ports, qui n'ont pas cessé depuis cette époque de bien remplir leur fonction.

Nous concluons, de tout ce que nous venons de dire sur la construction d'un paratonnerre pour des magasins à poudre, proposée par le cit. Regnier, qu'en ayant égard aux observations que nous avons faites particulièrement sur la manière de faire communiquer *les dernières barres de transmission* avec le réservoir commun, on peut l'employer avec sûreté dans l'armement de ces magasins contre la foudre et que par là il mérite d'être approuvé par la Classe.

Signé à la minute :
LE ROY, LAPLACE, COULOMB.

La Classe approuve le Rapport et en adopte les conclusions.

INSTRUCTION

SUR

LES PARATONNERRES,

RÉDIGÉE PAR UNE COMMISSION COMPOSÉE DE

MM. Poisson, Lefèvre-Gineau, Girard, Dulong, Fresnel, Gay-Lussac rapporteur (1).

Les accidents causés, l'année dernière, par la chute de la foudre sur plusieurs églises ayant déterminé M. le Ministre de l'Intérieur à réaliser le projet, conçu depuis longtemps, de garnir ces édifices de paratonnerres, il a invité l'Académie des Sciences à rédiger une Instruction dont le but principal doit être de diriger les ouvriers dans la construction et la pose des paratonnerres. La Section de Physique a été chargée, par l'Académie, du soin de faire cette Instruction, et aujourd'hui elle vient la soumettre à son approbation.

En cherchant autant qu'il était en nous à répondre aux vues de M. le Ministre, nous avons cru devoir rappeler suc-

(1) Adoptée par l'Académie royale des Sciences, le 23 avril 1823.

cinctement les principes sur lesquels est fondée la construction des paratonnerres, tant pour éclairer ceux qui seront appelés à la surveiller, que parce qu'ils ne sont pas assez connus, et qu'il est utile de les répandre. L'Instruction renfermera donc deux Parties, l'une théorique et l'autre pratique, mais qui seront distinctes l'une de l'autre, et que l'on pourra consulter séparément.

PARTIE THÉORIQUE.

Principes relatifs à l'action de la foudre ou de la matière électrique et à celle des paratonnerres.

Ce qu'on appelle la *foudre* est l'écoulement subit à travers l'air, sous la forme d'un grand trait lumineux, de la matière électrique dont était chargé un nuage orageux.

La vitesse de la matière électrique en mouvement est immense; elle surpasse de beaucoup celle d'un boulet au sortir du canon, qu'on sait être d'environ 600 mètres par seconde.

La matière électrique pénètre les corps, et s'y meut à travers leur propre substance, mais avec une rapidité très-inégale.

On donne le nom de *conducteurs* aux corps qui conduisent ou laissent passer rapidement la matière électrique dans leur intérieur, à travers leurs particules : tels sont le charbon calciné, l'eau, les végétaux, les animaux, la terre, en raison de l'humidité dont elle est imprégnée, les dissolutions salines, et surtout les métaux, qui sont, en cela, très-supérieurs aux autres corps. Un cylindre de fer, par exemple, conduit, dans le même temps, au moins cent millions de fois plus de matière électrique qu'un égal cylindre d'eau pure, et celle-ci environ mille fois moins que l'eau saturée de sel marin.

Les corps qui ne laissent pénétrer que difficilement la matière électrique entre leurs particules, et dans lesquels elle ne peut se mouvoir avec liberté, sont désignés par le nom de *non conducteurs* ou de *corps isolants :* tels sont le verre, le soufre, les résines, les huiles; la terre, la pierre et la brique sèches; l'air et les fluides aériformes.

Parmi les corps conducteurs, il n'en est cependant aucun qui n'oppose quelque résistance au mouvement de la matière électrique. Cette résistance, se répétant dans chaque portion du conducteur, augmente avec sa longueur, et peut devenir plus grande que celle qu'opposerait un conducteur plus mauvais, mais d'une longueur moindre.

La matière électrique éprouve aussi plus de résistance dans un conducteur d'un petit diamètre que dans le même d'un diamètre plus considérable : on peut par conséquent suppléer à l'imperfection de la conductibilité dans les conducteurs, en augmentant convenablement leur diamètre et diminuant leur longueur. Le meilleur conducteur pour la matière électrique est celui qui, en somme, lui offre le moins de résistance et qu'elle parcourt avec la plus grande vitesse.

Les molécules de la matière électrique sont douées d'une force répulsive en vertu de laquelle elles tendent à se fuir et à se répandre dans l'espace. Elles n'ont aucune affinité pour les corps; elles se portent en totalité vers leur surface, où elles forment une couche très-mince, terminée en dehors par la surface même des corps, et n'y sont retenues que par la pression de l'air, contre lequel, à leur tour, elles exercent une pression proportionnelle, en chaque point, au carré de leur nombre. Lorsque cette dernière pression est devenue supérieure à la première, la matière électrique s'échappe dans l'air en un torrent invisible, ou sous forme d'un trait lumineux que l'on désigne par le nom d'*étincelle électrique*.

La couche formée par la matière électrique au-dessous de la surface d'un conducteur ne renferme pas le même nombre de molécules, ou n'a pas la même densité en chaque point de cette surface, si ce n'est sur la sphère : sur une ellipsoïde de révolution, cette densité est plus grande à l'extrémité du grand axe que sur l'équateur, dans le rapport du grand axe au petit; à la pointe d'un cône, elle est infinie. En général, sur un corps de forme quelconque, la densité de la matière électrique et, par conséquent, sa pression sur l'air sont plus grandes sur les parties aiguës ou très-courbes que sur celles qui sont aplaties ou peu arrondies.

La matière électrique tend toujours à se répandre dans les conducteurs et à s'y mettre en équilibre; elle se partage entre eux en raison de leur forme et principalement de l'étendue de leur surface. Il en résulte que, si l'on fait communiquer un corps qui en soit chargé avec la surface immense de la Terre, il n'en conservera pas sensiblement. Il suffit donc, pour dépouiller un conducteur de sa matière électrique, de le mettre en communication avec un sol humide.

Si, pour conduire la matière électrique d'un corps dans la terre, on lui présente divers conducteurs dont l'un soit beaucoup plus parfait que les autres, elle le préférera constamment; mais, s'ils ne sont pas très-différents, elle se partagera entre tous, en raison de leur capacité pour la recevoir.

Un paratonnerre est un conducteur que la matière électrique de la foudre choisit de préférence aux corps environnants pour se rendre dans le sol et s'y répandre; c'est ordinairement une barre de fer élevée sur les édifices qu'elle doit protéger, et s'enfonçant, sans aucune solution de continuité, jusque dans l'eau ou dans la terre humide. Une communication aussi intime du paratonnerre avec le sol est nécessaire pour qu'il puisse y verser instantanément la matière électrique de la foudre, à mesure qu'il la reçoit, et garantir de ses atteintes les objets environnants. On sait, en effet, que la foudre, parvenue à la surface de la terre, n'y trouve point un conducteur suffisant, et qu'elle s'enfonce au-dessous, jusqu'à ce qu'elle ait rencontré un assez grand nombre de canaux pour s'écouler complétement. Quelquefois même elle laisse des traces visibles de son passage à plus de 10 mètres de profondeur; aussi arrive-t-il, lorsqu'un paratonnerre offre quelque solution de continuité, ou qu'il n'est pas en parfaite communication avec un sol humide, que la foudre, après l'avoir frappé, l'abandonne pour se porter sur quelque corps voisin, ou au moins qu'elle se partage entre eux, pour s'écouler plus rapidement dans le sol.

La première circonstance s'est présentée, il y a quelques années, dans les environs de Paris. Il s'était opéré par accident, dans le conducteur du paratonnerre d'une maison, une séparation d'environ 55 centimètres, et la foudre, après être tombee sur sa tige, perça le toit pour se porter sur une gouttière en fer-blanc.

MM. Rittenhouse et Hopkinson, dans le tome IV des *Transactions philosophiques américaines*, rapportent un exemple remarquable de la deuxième circonstance, ou de l'inconvénient qu'il y a à ne pas établir une communication parfaite entre le paratonnerre et le sol. La foudre avait frappé le paratonnerre, puisqu'elle avait fondu profondément sa pointe, et qu'il était évident, d'après l'inspection du terrain, qu'une portion avait pénétré dans le sol par le conducteur; mais l'autre portion, n'ayant pu s'écouler assez promptement par la même voie, ravagea le toit pour se porter de la tige du paratonnerre sur une gouttière en cuivre dont elle suivit la conduite, qui était alors pleine d'eau, et lui offrait, par conséquent, un écoulement facile sur la surface du sol.

Avant que la foudre éclate, le nuage orageux, par son influence, fait sortir tous les corps placés au-dessous de lui, à la surface de la terre, de leur état naturel : il attire vers leur partie antérieure la matière électrique de nature contraire à la sienne, et repousse dans le sol celle de même nature. Chaque corps est ainsi dans un état d'intumescence électrique, et devient à son tour un centre d'attraction vers lequel la foudre tend à se porter; c'est celui par lequel passe la résultante de ces attractions particulières qu'elle frappe lorsqu'elle tombe.

Or, pour que la matière électrique développée sur un corps par l'influence de celle du nuage orageux parvienne rapidement à son maximum, et, par conséquent, aussi sa force attractive, il est indispensable qu'il soit bon conducteur et en parfaite communication avec un sol humide.

La matière électrique développée dans les corps à la surface de la terre par l'influence du nuage orageux s'y accumule peu à peu, à mesure que le nuage s'approche de leur zénith, et diminue de même à mesure qu'il s'en éloigne. Un homme, supposé l'un de ces corps, n'éprouverait aucune sensation particulière de cette variation progressive de matière électrique, quoique pouvant être fortement électrisé; mais, si le nuage se déchargeait instantanément, il pourrait recevoir, sans être frappé de la foudre, par la rentrée subite de sa matière électrique dans le sol, une très-vive commotion, qui pourrait être assez forte pour le faire périr.

Dans le moment où un objet est prêt à être frappé de la foudre, il est si fortement électrisé par l'influence du nuage orageux, s'il est en parfaite communication avec un sol humide, que sa matière électrique peut s'élancer au-devant de celle du nuage et faire une partie du chemin entre le nuage et l'objet. C'est sans doute ce qui a fait penser à quelques personnes, qui croient en avoir fait l'observation, que la foudre, au lieu de tomber des cieux sur la terre, s'élève quelquefois de la terre dans les cieux. Quoi qu'il en soit de cette opinion, qui ne vaut pas d'ailleurs la peine d'être discutée, la théorie et l'efficacité des paratonnerres resteraient absolument les mêmes dans chaque cas.

Dans un paratonnerre en parfaite communication avec le sol, et terminé en une pointe très-aiguë, au lieu d'être arrondi, la matière électrique peut s'accumuler tellement à sa pointe, sous l'influence du nuage orageux, qu'elle ne puisse plus y être retenue par la pression de l'air, et qu'elle s'en échappe en un torrent continu, qui quelquefois devient sensible dans l'obscurité par une aigrette lumineuse à l'extrémité de la pointe, et qui doit certainement neutraliser en partie la matière électrique du nuage orageux (1).

Cependant l'attraction exercée sur la matière électrique du

---

(1) Ces feux électriques se manifestent aussi sur d'autres corps que des paratonnerres. Ils paraissent plus fréquents en mer, sur les bâtiments, que sur terre, et y sont connus sous les noms de *feux Saint-Elme*, *Castor et Pollux*, etc. Pendant de très-fortes tempêtes, on en a vu quelquefois à l'une des extrémités de la grande vergue, sous la forme d'une langue de feu qui pétillait beaucoup et qui faisait entendre de temps en temps des éclats comme des pétards.

nuage par celle qui est répandue sur le paratonnerre terminé en pointe ne sera pas plus grande que s'il était arrondi à son extrémité : elle sera même plutôt plus petite ; mais, si l'écoulement de la matière électrique par la pointe peut devenir très-rapide, la foudre éclatera plutôt entre le nuage orageux et le paratonnerre, et d'une plus grande distance que si celui-ci était arrondi à son extrémité : c'est au moins à cette conclusion que conduisent les expériences électriques.

Ainsi la forme la plus avantageuse à donner aux paratonnerres paraît être évidemment celle d'un cône très-aigu.

Toutes choses égales d'ailleurs, plus un paratonnerre s'élèvera dans l'air, plus son efficacité sera grande.

Dans les fameuses expériences de Romas, assesseur au présidial de Nérac, et dans les expériences plus récentes de Charles, qui consistaient à élever un cerf-volant sous un nuage orageux, à la hauteur de 200 à 300 mètres, la corde du cerf-volant, dans laquelle était entrelacé un fil métallique, et qui était terminée par un cordon de soie, amenait à la surace de la terre un courant électrique si considérable, qu'il en était effrayant, et qu'il eût été imprudent de s'y exposer (1) ;

---

(1) L'expérience de Romas est si curieuse et si importante pour montrer l'efficacité des paratonnerres, que nous croyons utile de la rapporter.

« Le cerf-volant avait 7 ½ pieds de hauteur et 3 de largeur. La corde était une ficelle de chanvre dans laquelle était entrelacé un fil de fer, et M. de Romas, l'ayant terminée par un cordon de soie sec, il mit l'observateur, par une disposition particulière de son appareil, en état de faire toutes les expériences qu'il jugea à propos, sans courir aucun danger pour sa personne.

» Au moyen de ce cerf-volant, le 7 juin 1753, vers 1 heure après midi, après qu'il l'eut élevé à 550 pieds de terre au moyen d'une corde de 780 pieds de long, qui faisait un angle de près de 45 degrés or, l'action d'un paratonnerre sur la matière électrique d'un nuage orageux étant la même, à l'énergie près, que celle d'un cerf-volant, plus il s'élèvera dans l'air, plus son efficacité

---

avec l'horizon, il tira de son conducteur des étincelles de 3 pouces de longueur et 3 lignes d'épaisseur, dont le craquement se fit entendre de près de 200 pas. En tirant ces étincelles, il sentit comme une espèce de toile d'araignée sur son visage, quoiqu'il fût à plus de 3 pieds de la corde du cerf-volant; sur quoi il ne crut pas qu'il y eût de la sûreté pour lui de rester si proche, et il cria à tous les assistants de se retirer, et lui-même s'éloigna d'environ 2 pieds.

» Se croyant alors en sûreté et n'ayant plus personne auprès de lui, il porta son attention sur ce qui se passait dans les nuages qui étaient immédiatement au-dessus du cerf-volant; mais il n'aperçut d'éclair ni là, ni nulle autre part, ni même le moindre bruit de tonnerre, et il ne tomba point du tout de pluie. Le vent, qui venait de l'ouest et était assez fort, éleva le cerf-volant de 100 pieds au moins plus haut qu'auparavant.

» Ensuite, jetant les yeux sur le tube de fer-blanc qui était attaché à la corde du cerf-volant, et à environ 3 pieds de terre, il vit trois pailles, dont une avait près de 1 pied, la seconde 4 à 5 pouces, et la troisième 3 à 4 pouces, se lever toutes droites et former une danse circulaire comme des marionnettes sous le tube de fer-blanc et sans se toucher l'une l'autre. Ce petit spectacle, qui réjouit beaucoup plusieurs personnes de la compagnie, dura près d'un quart d'heure; après quoi, quelques gouttes de pluie étant tombées, il sentit encore la toile d'araignée sur son visage, et en même temps il entendit un bruit continu, semblable à celui d'un petit soufflet de forge. Ce fut un nouvel avertissement de l'accroissement de l'électricité, et, dès le premier instant que M. de Romas aperçut sauter la paille, il n'osa plus tirer aucune étincelle, même avec toutes ses précautions, et il pria de nouveau les spectateurs de s'éloigner encore davantage.

» Immédiatement après arriva la dernière scène, et M. de Romas avoua qu'elle le fit trembler. La plus longue paille fut attirée par le tube de fer-blanc; sur quoi il se fit trois explosions dont le bruit ressemblait fort à celui du tonnerre. Quelqu'un de la compagnie le compara à l'explosion des fusées volantes, et d'autres au bruit que

sera grande, non-seulement pour défendre de la foudre les objets environnants, mais encore pour soutirer la matière électrique du nuage orageux et le paralyser.

La distance à laquelle un paratonnerre étend efficacement sa sphère d'action n'est pas connue exactement, et dépend d'ailleurs de beaucoup de circonstances qu'il serait difficile d'apprécier; mais, depuis qu'on en a armé les édifices, plusieurs observations ont appris que des parties de ces édifices

---

ferait une grande jarre de terre en se brisant contre un pavé. Il est certain qu'on l'entendit du milieu de la ville, malgré les différents bruits qui s'y faisaient.

» Le feu qu'on aperçut à l'instant de l'explosion avait la figure d'un fuseau de 8 pouces de long et 5 lignes de diamètre; mais la circonstance la plus étonnante et la plus amusante fut que la paille qui avait occasionné l'explosion suivit la corde du cerf-volant. Quelqu'un de la compagnie la vit, à 45 ou 50 brasses de distance, attirée et repoussée alternativement, avec cette circonstance remarquable, qu'à chaque fois qu'elle était attiree par la corde on voyait des éclats de feu et l'on entendait des craquements, qui n'étaient cependant pas si éclatants que dans le moment de la première explosion.

» Il faut remarquer que, depuis le temps de l'explosion jusqu'à la fin des expériences, on ne vit point du tout d'éclair, et à peine entendit-on du tonnerre. On sentit une odeur de soufre fort approchante de celle des écoulements electriques lumineux qui sortent du bout d'une barre de métal electrisée. Il parut autour de la corde un cylindre lumineux de 3 à 4 pouces de diamètre, et, comme c'était pendant le jour, M. de Romas ne douta pas que, si c'eût été pendant la nuit, cette atmosphère électrique n'eût paru de 4 à 5 pieds de diamètre. Enfin, après que les expériences furent terminées, on découvrit un trou dans le terrain, précisément sous le tuyau de fer-blanc, d'une grande profondeur et de ½ pouce de largeur, qui probablement fut fait par les grands éclats qui accompagnèrent les explosions.

» Ces expériences remarquables finirent par la chute du cerf-volant, attendu que le vent passa tout d'un coup à l'est, et qu'il survint une pluie très-abondante mêlée de grêle. Lorsque le cerf-volant tomba, la

qui se sont trouvées à une distance de la tige du paratonnerre de plus de trois à quatre fois sa longueur ont été foudroyées. On estime, et c'était l'opinion de Charles, qui s'était beaucoup occupé de cet objet, qu'un paratonnerre peut défendre efficacement autour de lui des atteintes de la foudre un espace circulaire d'un rayon double de sa hauteur; c'est d'après cette règle qu'on dispose les paratonnerres sur les édifices.

---

corde s'accrocha sur un auvent, et elle ne fut pas sitôt dégagée, que celui qui la tenait éprouva un tel coup à ses mains et une telle commotion dans tout son corps, qu'il fut obligé de la lâcher, et la corde, tombant sur les pieds de quelques autres personnes, leur donna aussi un coup, mais bien plus supportable.

» La quantité de matière électrique que ce cerf-volant tira une autre fois des nuées est réellement étonnante. Le 28 août 1756, on en vit sortir des courants de feu de 1 pouce d'épaisseur et de 10 pieds de longueur. Cet éclat surprenant, qui aurait peut-être produit des effets aussi pernicieux qu'aucun dont il soit fait mention dans l'histoire, fut conduit avec sécurité, par la corde du cerf-volant, à un conducteur placé tout auprès, et le bruit en fut égal à celui d'un pistolet. » [*Histoire de l'Électricité*, par Priestley, t. II, p. 205, traduction française. *Voir* aussi *Mémoires de l'Académie des Sciences* (*Savants étrangers*), t. II, p. 393; t. IV, p. 514.]

Charles, qui a fait des expériences semblables à celles de Romas, mais en bien plus grand nombre, a obtenu quelquefois des effets plus extraordinaires encore, et il ne doutait pas, comme il le disait, qu'il n'eût désarmé le nuage orageux.

On ne peut douter, d'après ces observations, que des paratonnerres placés sur des tours très-élevées, comme celle de Strasbourg, qui a 437 pieds de hauteur, ne soutirassent une grande quantité de matière électrique des nuages orageux, et ne prévinssent même la chute du tonnerre. Il est même permis de croire que, si de semblables paratonnerres étaient très-multipliés sur la surface entière de la France, ils ne prévinssent aussi la formation de la grêle, qui, d'après les observations de Volta, paraît être un véritable phénomène électrique.

Lorsque la matière électrique se porte d'un corps sur un autre, en passant par un conducteur suffisant, elle ne manifeste son passage par aucun signe apparent; mais, lorsqu'elle traverse l'air ou tout autre corps non conducteur, elle sépare ses parties et le déchire: elle apparaît alors comme un trait lumineux et fait entendre un bruit plus ou moins considérable. Le vide qu'elle forme en écartant l'air ne se fermant pas avec une vitesse aussi grande que celle avec laquelle la matière électrique se meut, celle-ci a le temps d'abandonner les parties les plus éloignées des conducteurs pour venir se précipiter dans ce vide, qui est lui-même un conducteur, et de s'échapper. C'est par cette raison qu'un conducteur se décharge aussi bien à travers l'air, quand il y a étincelle, que par le contact instantané d'un conducteur en communication avec le sol.

Un courant de matière électrique, lumineux ou non, est toujours accompagné de chaleur, dont l'intensité dépend de celle du courant. Cette chaleur est suffisante pour rougir, fondre ou disperser un fil métallique convenablement mince; mais elle élève à peine la température d'une barre métallique, à cause de sa trop grande masse. C'est par la chaleur propre à un courant de matière électrique, et aussi par celle qui se dégage de l'air refoulé par la foudre, que celle-ci met si souvent le feu aux édifices.

On n'a pas encore d'exemple que la foudre ait fondu ou même fait rougir une barre de fer de 13 à 14 millimètres en carré, ou un cylindre de ce diamètre (1). Il suffirait donc,

---

(1) Nous avons vu plusieurs tiges de paratonnerres qui avaient été foudroyées, et dont l'extrémité était fondue jusqu'à une épaisseur de 3 à 4 millimètres. Cependant la fusion peut pénétrer beaucoup plus

pour construire un paratonnerre, de prendre une barre de fer qui aurait ces dimensions; mais sa tige, devant s'élever dans l'air à une hauteur de 5 à 10 mètres, n'aurait pas à sa base une force suffisante pour résister à l'action du vent, et il est nécessaire de lui donner, en cet endroit, une épaisseur beaucoup plus considérable.

Quant au conducteur du paratonnerre, une barre de fer de 16 à 20 millimètres en carré est suffisante. On pourrait même le faire plus petit et se servir d'un simple fil métallique, pourvu que, arrivé à la surface du sol, on le réunît avec une barre métallique de 10 à 13 millimètres en carré, qui s'enfonçât dans l'eau ou dans une couche humide. Le fil, à la vérité, serait sûrement dispersé par la foudre, mais il lui aurait tracé sa direction jusque dans le sol et l'aurait

---

avant, et Franklin, dans une lettre à Landriani, en cite un exemple d'autant plus remarquable, qu'il s'est présenté dans sa maison même.

« Je trouve, dit Franklin, à mon retour à Philadelphie, que le nombre des conducteurs y est fort augmenté, l'utilité en ayant été démontrée par plusieurs épreuves de leur efficacité à préserver les bâtiments de la foudre. Entre autres exemples, ma maison fut un jour frappée d'un violent coup de tonnerre. Les voisins, s'en étant aperçus, accoururent sur-le-champ pour y porter du secours, en cas que le feu y eût pris; mais il n'y avait eu aucun dommage, et ils trouvèrent seulement la famille fort effrayée de la violence de la commotion.

» En faisant, l'année dernière, quelque augmentation au bâtiment, on fut obligé d'enlever le conducteur. J'ai trouvé, en l'examinant, que la pointe de cuivre, qui avait, quand on l'a placée, 9 pouces de long et environ $\frac{1}{3}$ de pouce de diamètre dans sa partie la plus épaisse, avait été presque entièrement fondue, et qu'il en était resté fort peu attaché à la verge de fer, de sorte qu'avec le temps l'invention a été de quelque utilité à l'inventeur, et a ajouté un avantage au plaisir d'avoir été utile aux autres. »

empêchée de se porter sur les corps environnants. Au reste, il sera toujours préférable de donner au conducteur une grosseur suffisante pour que la foudre ne puisse jamais le détruire, et nous ne proposons de le réduire à un fil de métal que pour diminuer les frais de construction des paratonnerres et les mettre à portée de toutes les fortunes.

Le bruit que la foudre fait entendre cause ordinairement beaucoup d'effroi, et cependant tout danger est déjà passé: il n'en existe même plus pour une personne qui a vu l'éclair; car, si elle devait être foudroyée, elle ne verrait ni n'entendrait le coup qui serait prêt à la frapper. Le bruit ne vient jamais qu'après l'éclair, et il s'écoule autant de secondes entre l'apparition de l'éclair et le bruit qui le suit, qu'il y a de fois 340 mètres entre le lieu où l'on est et celui où la foudre a éclaté.

La foudre tombe souvent sur les arbres isolés, parce que ceux-ci, s'élevant à une grande hauteur et enfonçant profondément leurs racines dans le sol, sont de véritables paratonnerres; mais leur abri est souvent fatal aux personnes qui le cherchent : ils n'offrent pas, en effet, à la foudre un écoulement assez prompt dans le sol, et ils sont plus mauvais conducteurs que l'homme et les animaux (1). La foudre, parvenue à leur pied, se partage entre les conducteurs qu'elle rencontre, ou en évite quelques-uns, suivant qu'elle est pressée dans son

(1) La preuve que la foudre ne trouve pas dans les arbres un écoulement suffisant dans le sol, c'est qu'elle les brise ou les déchire presque toujours : ce qui n'arriverait pas s'ils étaient meilleurs conducteurs. Elle se glisse ordinairement entre l'écorce et l'aubier, parce que c'est là que se trouve le plus d'humidité et qu'elle rencontre en même temps le moins de résistance.

écoulement, et on l'a vue souvent faire périr tous les animaux réfugiés sous un arbre, et d'autres fois en frapper seulement un seul. L'eau est aussi un plus mauvais conducteur que les animaux, sans doute en raison des sels que renferment leurs liquides, et l'on peut foudroyer et faire périr des animaux qui y seraient entièrement plongés.

Un paratonnerre, pourvu qu'il soit en parfaite communication avec le sol, offre, au contraire, un abri très-sûr contre la foudre; car celle-ci ne l'abandonnera jamais pour se porter sur un homme placé au pied; cependant, dans la crainte de quelque solution de continuité ou d'une communication imparfaite avec un sol humide, il sera très-prudent de s'en écarter.

Dans les campagnes et même dans les villes, on sonne les cloches aux approches d'un orage, pour l'écarter et *fendre*, dit-on, *la nuée* orageuse; on cherche aussi un abri contre la foudre dans les églises et dans les clochers; mais cette habitude, comme le prouve l'expérience, a souvent les suites les plus funestes. Il est certain, en effet, que le tonnerre tombe fréquemment aussi bien sur les clochers où l'on sonne que sur ceux où l'on ne sonne pas (1); et, dans le premier cas,

(1) Il paraîtrait même que la foudre tombe plus fréquemment sur les clochers où l'on sonne que sur ceux où l'on ne sonne pas. En 1718, M. Deslandes fit savoir à l'Académie royale des Sciences que, la nuit du 14 au 15 avril de la même année, le tonnerre était tombé sur vingt-quatre églises, depuis Landerneau jusqu'à Saint-Pol-de-Léon, en Bretagne; que ces églises étaient précisément celles où l'on sonnait, et que la foudre avait épargné celles où l'on ne sonnait pas; que, dans celle de Couesnon, qui fut entièrement ruinée, le tonnerre tua deux personnes des quatre qui sonnaient. (*Histoire de l'Académie royale des Sciences*, 1719.)

les sonneurs sont en danger d'être foudroyés, à cause des cordes qu'ils tiennent dans leurs mains, et qui peuvent conduire la foudre jusqu'à eux. Les églises n'offrent pas un abri beaucoup plus sûr que les clochers, soit parce que ceux-ci, après avoir attiré la foudre sur eux, en raison de leur élévation, sans pouvoir toujours la conduire dans le sol, laissent les églises exposées à son action, soit parce que les individus rassemblés forment un grand conducteur sur lequel la foudre se jette de préférence aux objets environnants. La prudence commande donc, tant que les clochers et les églises ne seront pas armés de paratonnerres, de ne point s'y rassembler pendant un orage; et, pour citer une preuve frappante du danger qu'il y a à le faire, nous renvoyons le lecteur à la relation des malheurs arrivés à Châteauneuf-les-Moustiers, le 11 juillet 1819, par l'effet du tonnerre, telle qu'elle a été communiquée à l'Académie royale des Sciences par M. Trencalye, vicaire général de Digne (1).

(1) Il y a un village appelé Châteauneuf, dans l'arrondissement de Digne, département des Basses-Alpes, au sud-est et limitrophe de la petite ville de Moustiers, connue par une manufacture de faïence dont l'émail et la qualité justifient la préférence qu'on lui accorde sur toutes celles du royaume. Il est situé au sommet et à l'extrémité de l'une des premières montagnes des Alpes, qui forment un amphithéâtre sur Moustiers. Il consiste en quatorze maisons réunies au presbytère et à l'église paroissiale, sur une éminence coupée par les angles de deux autres montagnes, l'une au levant et l'autre au couchant. L'intervalle qui sépare le village de la montagne du levant est si étroit et si profond, que l'aspect en est effrayant. Cent cinq habitations sont dispersées en hameaux, presque tous sur le penchant de la montagne du levant, et forment une population de cinq cents âmes.

Le 11 juillet 1719, jour de dimanche, M. Salomé, curé de Moustiers et commissaire épiscopal, alla à Châteauneuf pour y installer un nou-

On sait que, lorsque la foudre tombe sur un bâtiment, elle se porte de préférence sur les tuyaux de cheminée, soit parce

---

veau recteur. Vers les 10 heures et demie, on se rendit en procession de la maison curiale à l'église. Le temps était beau, on remarquait seulement quelques gros nuages. La messe fut commencée par le nouveau recteur.

Un jeune homme de dix-huit ans, qui avait accompagné le curé de Moustiers, chantait l'épître, lorsqu'on entendit trois détonations de tonnerre qui se succédèrent avec la rapidité de l'éclair. Le missel lui fut enlevé des mains et mis en pièces; il se sentit lui-même serré étroitement au corps par la flamme, qui le prit de suite au cou. Alors, par un mouvement involontaire, ce jeune homme, qui avait d'abord jeté de grands cris, ferma la bouche, fut renversé, roulé sur les personnes rassemblées dans l'église, qui toutes avaient été terrassées et jetées ainsi hors la porte. Revenu à lui, sa première idée fut de rentrer dans l'église, pour se rendre auprès de M. le curé de Moustiers, qu'il trouva asphyxié et sans connaissance. Ce jeune homme fixa sur ce respectable et infortuné pasteur l'attention et les soins de ceux qui, légèrement blessés, pouvaient donner du secours. On le releva, on éteignit la flamme de son surplis, et, par le moyen du vinaigre, on le rappela à la vie, environ deux heures après son étourdissement. Il vomit beaucoup de sang. Il assura n'avoir pas entendu le tonnerre et n'avoir rien su de ce qui se passait. On le porta au presbytère. Le fluide électrique avait touché fortement la partie supérieure du galon d'or de son étole, coulé jusqu'au bas, enlevé un de ses souliers qu'il porta à l'extrémité de l'église, et brisé la boucle de métal. Le siége sur lequel il était assis fut aussi brisé.

Le surlendemain, M. le curé fut transporté dans son presbytère à Moustiers, pour être pansé de ses blessures, qui n'ont été cicatrisées que deux mois après. Il avait une escarre de plusieurs travers de doigt à l'épaule droite; une autre s'étendant du milieu postérieur du bras du même côté jusqu'à la partie moyenne et extérieure de l'avant-bras; une troisième escarre profonde partait de la partie moyenne et postérieure du bras gauche, et allait jusqu'à la partie moyenne de l'avant-bras du même côté; une quatrième, plus superficielle et moins étendue, au côté externe de la partie inférieure de la cuisse

qu'ils en sont ordinairement les parties les plus élevées, soit parce qu'ils sont tapissés de suie, qui est un meilleur conducteur que le bois sec, la pierre ou la brique. Le voisinage d'une cheminée est par conséquent l'endroit le moins sûr, dans un

---

gauche et une cinquième sur la lèvre supérieure jusqu'au nez. Il a été fatigué d'une insomnie absolue pendant près de deux mois; il a eu les bras paralysés, et souffre des différentes variations de l'atmosphère.

Un jeune enfant fut enlevé des bras de sa mère et porté à six pas plus loin. On ne le rappela à la vie qu'en lui faisant respirer le grand air. Tout le monde avait les jambes paralysées. Toutes les femmes, échevelées, offraient un spectacle horrible. L'église fut remplie d'une fumée noire et épaisse: on ne pouvait distinguer les objets qu'à la faveur des flammes des parties des vêtements allumées par la foudre.

Huit personnes restèrent sur place. Une fille de dix-neuf ans fut transportée sans connaissance à sa maison, et expira le lendemain matin, en proie aux douleurs les plus horribles, à en juger par ses hurlements; de sorte que le nombre des personnes mortes est de neuf; celui des blessés est de quatre-vingt-deux.

Le prêtre célébrant ne fut point atteint de la foudre, sans doute parce qu'il avait un ornement de soie.

Tous les chiens qui étaient dans l'eglise furent trouvés morts dans l'attitude qu'ils avaient auparavant.

Une femme qui était dans une cabane, à la montagne de Barbin, au couchant de Châteauneuf, vit tomber successivement trois masses de feu qui semblaient devoir réduire ce village en cendres.

Il paraît que la foudre frappa d'abord la croix du clocher, qu'on trouva plantée dans la fente d'un rocher, à une distance de 16 mètres. Le feu électrique pénétra ensuite dans l'église par une brèche qu'il fit à la voûte, à la distance de $\frac{1}{2}$ mètre de celle par où passe la corde d'une cloche. La chaire fut écrasée. On trouva dans l'église une excavation de $\frac{1}{2}$ mètre de diamètre, prolongée sous les fondements du mur jusque sur le pavé de la rue, et une autre qui entrait sous les fondements d'une écurie qui est en dessous, et où l'on trouva morts cinq moutons et une jument.

On sonnait les cloches quand la foudre tomba sur l'église.

appartement, contre les atteintes de la foudre ; il est préférable de se tenir dans une encoignure opposée aux croisées, loin des ferrements de toute espèce un peu considérables.

Les effets de la foudre sont des plus variés et des plus bizarres en apparence ; mais, néanmoins, ils s'expliquent tous facilement par quelques faits généraux qu'il sera utile de rassembler ici.

La foudre ou, ce qui est la même chose, la matière électrique, en vertu de la répulsion de ses molécules, est douée d'une force mécanique qui peut lui faire vaincre la pression de l'air ou des liquides, et fendre ou briser les corps solides non conducteurs.

La foudre choisit toujours le meilleur conducteur. Si elle y trouve un écoulement facile, comme, par exemple, dans une barre métallique, elle ne fera éprouver au conducteur aucune altération sensible. Si le conducteur, tel qu'un fil métallique, n'a pas une capacité suffisante, elle le dissipe en vapeurs, éclate dans l'air et se crée un vide qu'elle parcourt avec facilité. Si le corps frappé par la foudre n'est pas conducteur, ou ne l'est qu'imparfaitement, ou si enfin il oppose une résistance convenable à la séparation de ses parties, la foudre éclatera entre l'air et la surface de ce corps, qu'elle blessera plus ou moins profondément le long de son trajet. On voit ainsi souvent des individus foudroyés sans être tués, parce que la foudre glisse sur leur corps sans y pénétrer en totalité, et l'on en voit d'autres qui sont entièrement défendus de ses atteintes par un vêtement de soie, qui l'isole de leur corps et l'empêche d'y pénétrer.

Quand la foudre éclate de l'air sur un métal, et réciproquement d'un métal dans l'air, elle détermine souvent la fusion du métal dans l'endroit par où elle y entre, et dans celui par lequel elle en sort, parce que, ramassée par l'air qui la presse, son action en devient plus énergique. C'est par cette raison qu'on observe quelquefois des traces de fusion sur les angles, les arêtes et même les faces d'un gros conducteur métallique, dans les endroits où il y a des solutions de continuité et où elle éclate.

La foudre, après avoir suivi un conducteur qui vient à lui manquer et qui pénètre dans un corps non conducteur, brise ordinairement ce dernier, et se fait un vide qui lui procure un écoulement facile. Ainsi les pièces métalliques scellées dans un mur tombent, privées par la foudre de leur support, et sont projetées par l'air en mouvement qui vient remplir le vide qu'elle laisse.

Lorsque des portions de conducteurs métalliques sont isolées les unes des autres par un milieu peu ou point conducteur, la foudre visite successivement toutes celles qui sont sur son chemin et qui offrent le moins de résistance à son écoulement dans le sol, attirée successivement par chacune d'elles. Invisible dans les portions métalliques, mais devenant visible en éclatant de l'une à l'autre, elle forme un trait lumineux qui paraîtra continu si les solutions de continuité des conducteurs sont dans un rapport convenable avec leur longueur.

La foudre est toujours accompagnée de chaleur : elle rougit, fond et volatilise les conducteurs métalliques d'un petit diamètre ; mais des barres de 12 à 20 millimètres de côté n'éprouvent rien de semblable. Il serait par conséquent imprudent de se servir de conducteurs très-minces pour diriger la foudre à travers des milieux inflammables ; il faut au contraire employer des conducteurs assez gros pour qu'ils ne puissent pas même s'échauffer sensiblement.

C'est par la chaleur qui est propre à la foudre, et par celle qu'elle dégage de l'air ou des corps qu'elle traverse, en les refoulant, qu'elle met le feu à toutes les matières ténues susceptibles d'une prompte inflammation, comme le foin, la paille, le coton, etc. Il est plus rare de la voir enflammer les matières compactes, telles que les bois, à moins qu'ils ne soient vermoulus, soit qu'elle les déchire ou qu'elle glisse sur leur surface, parce que son action est trop instantanée. C'est ainsi qu'on peut concevoir que la foudre met le feu à des vêtements légers, aux cheveux, sur un individu sur le corps duquel elle glisse, sans pourtant lui causer elle-même, très-souvent, aucun sentiment de brûlure. C'est encore par une cause semblable qu'elle dissipe en vapeurs la dorure des lambris dorés sans les enflammer.

La foudre fait périr les animaux, soit en lésant les organes et le système vasculaire, soit en paralysant le système nerveux ; la putréfaction s'en opère très-promptement, mais de la même manière que celle de tous les animaux frappés d'une mort subite quelconque. L'acescence du lait et la corruption des chairs, plus promptes par des temps d'orage que par des temps ordinaires, paraissent dues, d'une part à la température élevée qui règne alors, et de l'autre aux courants de matière électrique auxquels ces corps sont exposés, et qu'on sait être un agent puissant de décomposition.

PARTIE PRATIQUE.

Détails relatifs à la construction des paratonnerres.

Un paratonnerre est une barre métallique ABCDEF (*fig.* 1), s'élevant au-dessus d'un édifice, et descendant, sans

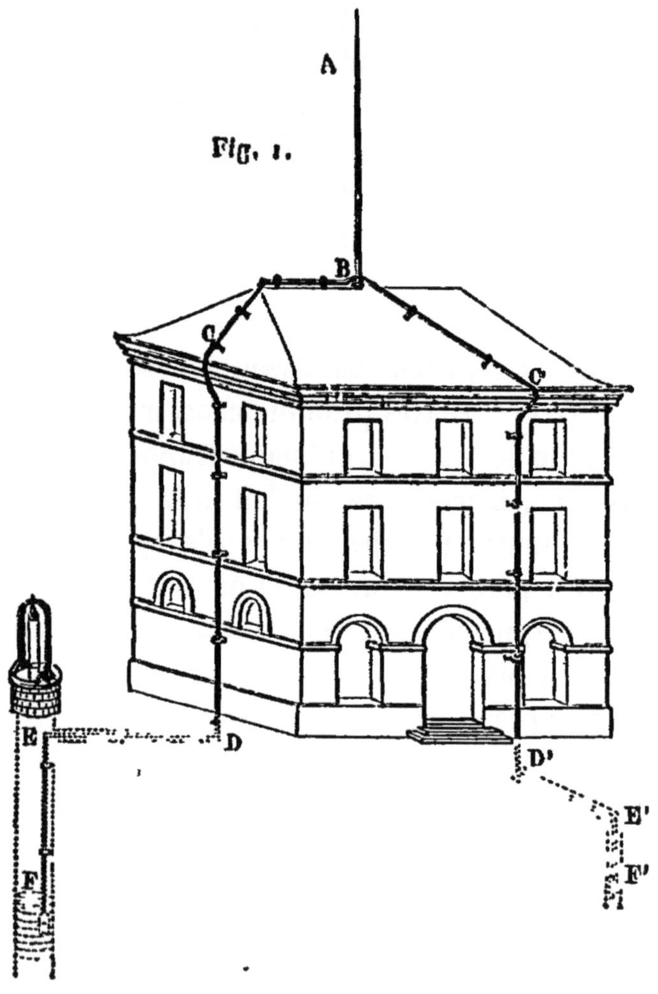

Fig. 1.

aucune solution de continuité, jusque dans l'eau d'un puits

ou dans un sol humide. On donne le nom de *tige* à la partie verticale BA, qui se projette dans l'air au-dessus du toit, et celui de *conducteur* à la portion de la barre BCDEF qui descend depuis le pied B de la tige jusque dans le sol.

De la tige.

La tige est une barre de fer carrée BA, amincie de sa base à son sommet, en forme de pyramide. Pour une hauteur de 7 à 9 mètres, qui est la hauteur moyenne des tiges qu'on place sur les grands édifices, on lui donne à sa base de 54 à 60 millimètres de côté : on lui donnerait 63 millimètres si elle devait s'élever à 10 mètres (1).

Le fer étant très-exposé à se rouiller par l'action de l'eau et de l'air, la pointe de la tige serait bientôt émoussée; pour obvier à cet inconvénient, on retranche de l'extrémité de la tige AB (*Pl. I, fig.* 1) une longueur AH d'environ 55 centimètres, et on la remplace par une tige conique de cuivre jaune, dorée à son extrémité ou terminée par une petite aiguille de platine AG de 5 centimètres de longueur (2). L'aiguille de platine est soudée, à la soudure d'argent, avec la tige de cuivre, et pour qu'elle ne puisse point s'en séparer, ce qui arriverait quelquefois malgré la soudure, on ren-

---

(1) La manière la plus avantageuse de faire une barre pyramidale est de souder bout à bout des morceaux de fer, chacun d'environ 80 centimètres de longueur, et d'un calibre décroissant.

(2) On peut remplacer l'aiguille de platine par une aiguille faite avec l'alliage des monnaies d'argent, qui est composé de 9 parties d'argent et 1 de cuivre.

force l'ajustage par un petit manchon de cuivre, comme le montre la *fig.* 2 (*Pl. I*). La tige de cuivre se réunit à la tige de fer au moyen d'un goujon qui entre à vis dans toutes deux; il est d'abord fixé dans la tige de cuivre par deux goupilles à angle droit, et on le visse ensuite dans la tige de fer, dans laquelle il est aussi retenu par une goupille C (*Pl. I, fig.* 3). On peut, sans aucune espèce d'inconvénient, ne point employer de platine et se contenter de la tige conique de cuivre, et même ne pas la dorer si l'on n'en a pas la facilité sur les lieux. Le cuivre ne s'altère pas profondément à l'air, et en supposant que sa pointe s'émoussât légèrement, le paratonnerre ne perdrait pas pour cela son efficacité.

Une tige de paratonnerre, de la dimension supposée, étant d'un transport difficile, on la coupe en deux parties AI et IB (*Pl. I, fig.* 1), au tiers ou aux deux cinquièmes environ de sa longueur, à partir de sa base. La partie supérieure AD (*Pl. I, fig.* 3) s'emboîte exactement, par un tenon pyramidal DF de 19 à 20 centimètres, dans la partie inférieure EB, et une goupille l'empêche de s'en séparer. On doit cependant, autant qu'on le pourra, ne faire la tige que d'une seule pièce, parce qu'elle en aura plus de solidité (1).

Au bas de la tige, à 8 centimètres du toit, est une embase MN (*Pl. I, fig.* 3), soudée au corps même de la tige;

---

(1) On fait la partie creuse EG (*Pl. I, fig.* 3), qui reçoit le tenon pyramidal DF, de la manière suivante. On prend une forte feuille de fer que l'on roule en cylindre et que l'on soude en G avec la barre BG; ensuite, au moyen d'un mandrin de la forme que doit avoir le tenon, et de chauffes successives, on parvient facilement à réunir ses deux bords, et à lui donner, tant intérieurement qu'extérieurement, la forme pyramidale.

elle est destinée à rejeter l'eau de pluie qui coulerait le long de la tige, et à l'empêcher de s'infiltrer dans l'intérieur du bâtiment et de pourrir les bois de la toiture (1).

Immédiatement au-dessous de l'embase, la tige est arrondie sur une étendue d'environ 5 centimètres, pour recevoir un collier brisé à charnière O, portant deux oreilles, entre lesquelles on serre l'extrémité du conducteur du paratonnerre, au moyen d'un boulon; on voit le plan de ce collier en P au-dessous de la tige (*Pl. I, fig.* 3). Au lieu du

Fig. 2.

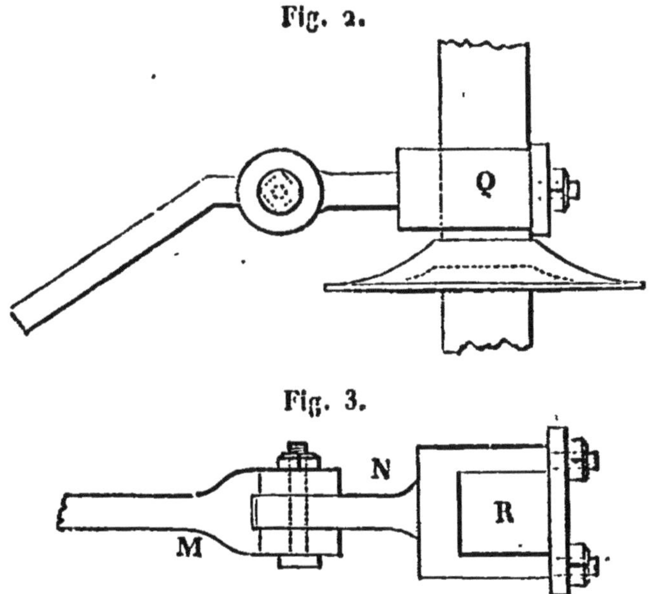

Fig. 3.

collier, on peut faire un étrier carré qui embrasse étroitement la tige; on en voit la projection verticale en Q, et le plan en R (*fig.* 2 et 3), ainsi que la manière dont il se réunit avec

(1) Pour faire l'embase, on soude un anneau de fer sur la tige, et on l'étire circulairement sur l'enclume en inclinant ses bords de manière à obtenir un cône tronqué très-aplati.

le conducteur. Enfin on peut encore, pour diminuer le travail, souder un tenon T (*fig.* 4) à la place du collier; mais il faut avoir soin de ne pas affaiblir la tige en cet endroit, qui est celui où elle doit opposer le plus de résistance, et le collier ou l'étrier sont préférables.

La tige du paratonnerre se fixe sur le toit des bâtiments selon les localités. Si elle doit être posée au-dessus d'une ferme B (*fig.* 4), on perce le faîtage d'un trou dans lequel on

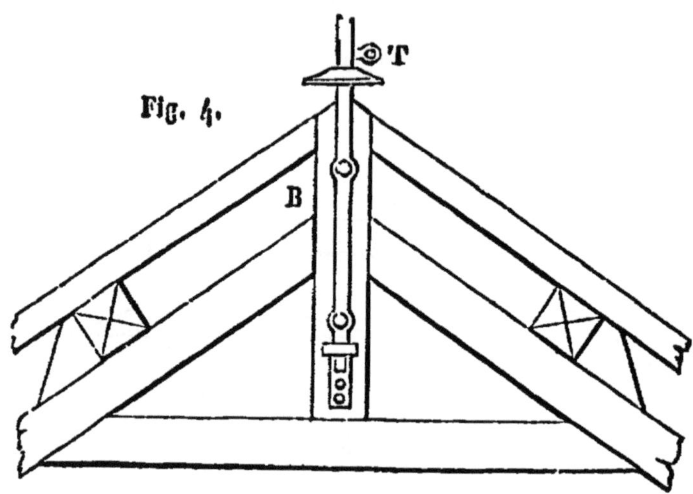

fait passer le pied de la tige, et on l'assujettit contre le poinçon au moyen de plusieurs brides, comme on le voit dans la figure. Cette disposition est très-solide, et doit être préférée lorsque les localités le permettent.

Lorsqu'on doit fixer la tige sur le faîtage en A (*fig.* 5), on le perce d'un trou carré de mêmes dimensions que le pied de la tige, et par-dessus et en dessous on fixe, avec quatre boulons ou deux étriers boulonnés qui embrassent et qui serrent le faîtage, deux plaques de fer de 2 centimètres d'épaisseur, portant chacune un trou correspondant à celui fait dans le bois. La tige s'appuie par un petit collet sur la plaque supérieure, contre laquelle on la presse fortement au moyen d'un écrou se vissant sur l'extrémité de la tige contre la plaque inférieure; la *fig.* 6 montre le plan de l'une de ces plaques. Mais, si l'on pouvait s'appuyer sur le

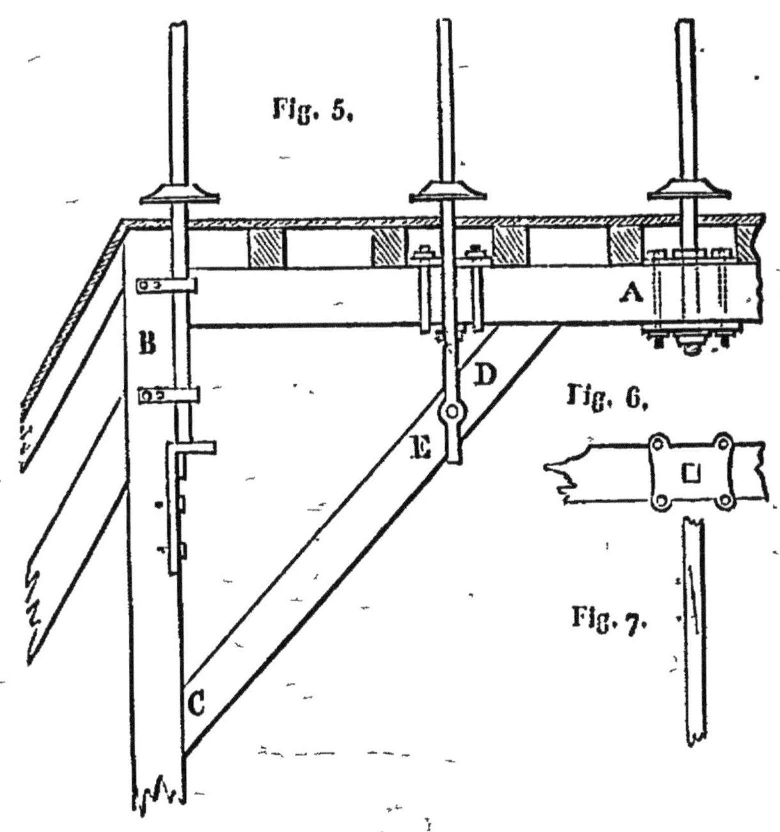

lien CD (*fig.* 5), on souderait à la tige deux oreilles qui embrasseraient les faces supérieures et latérales du faîtage, et descendraient jusqu'au lien, sur lequel on les fixerait au moyen d'un boulon E.

Enfin, si le paratonnerre devait être placé sur une voûte, on le terminerait par trois ou quatre empatements ou par des contre-forts qu'on scellerait dans la pierre, comme d'ordinaire, avec du plomb.

Du conducteur du paratonnerre.

Le conducteur du paratonnerre est, comme on l'a dit, une barre de fer BCDEF (*fig.* 1) ou B′C′D′E′F′, partant du pied de la tige et se rendant dans le sol. On donne à cette barre de 15 à 20 millimètres en carré; mais 15 millimètres sont réellement suffisants. On la réunit solidement à la tige en la pressant entre les deux oreilles du collier O (*Pl. I, fig.* 3), au moyen d'un boulon; ou bien on la termine par une fourchette M (*fig.* 3) qui embrasse la queue N de l'étrier, et on boulonne les deux pièces ensemble.

Le conducteur ne pouvant être d'une seule pièce, on réunit plusieurs barres bout à bout pour le former. La meilleure manière est celle qui est représentée par la *fig.* 7. Il est soutenu à 12 ou 15 centimètres, parallèlement au toit, par des crampons à fourche, auxquels, pour empêcher l'infiltration de l'eau par leur pied dans le bâtiment, on donne la forme suivante.

Au lieu de se terminer en pointe, ils ont une patte (*fig.* 8 et 9) formée par une plaque mince de 25 centimètres de longueur sur 4 de largeur, à l'extrémité de laquelle s'élève la tige du crampon, en faisant avec la plaque, ou un angle droit (*fig.* 8) ou un angle égal à celui que forme le toit avec la verticale (*fig.* 9). La patte se glisse entre les ardoises; mais, pour plus de solidité, on remplace par une lame de plomb l'ardoise sur laquelle elle reposerait, et l'on cloue ensemble, au-dessus d'un chevron, cette lame et la patte du crampon. Le conducteur est retenu dans chaque fourchette par une goupille rivée, et les crampons sont placés à environ 3 mètres les uns des autres.

Le conducteur, après s'être replié sur la corniche du bâti-

Fig. 8.

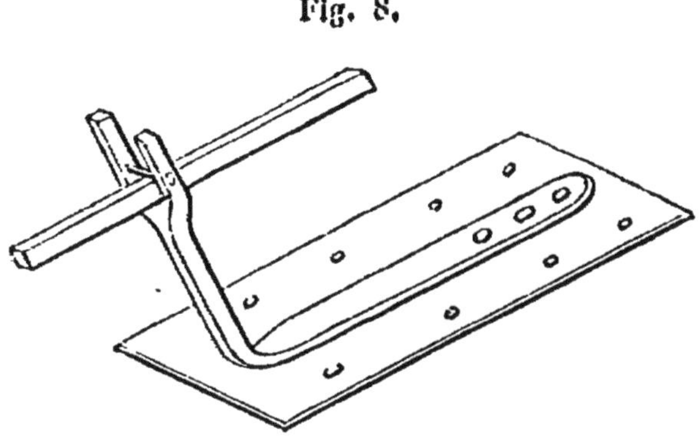

ment (*fig.* 1) sans la toucher, s'applique contre le mur le long duquel il doit descendre dans le sol, et se fixe au moyen de crampons que l'on fiche ou que l'on scelle dans la pierre.

Fig. 9.

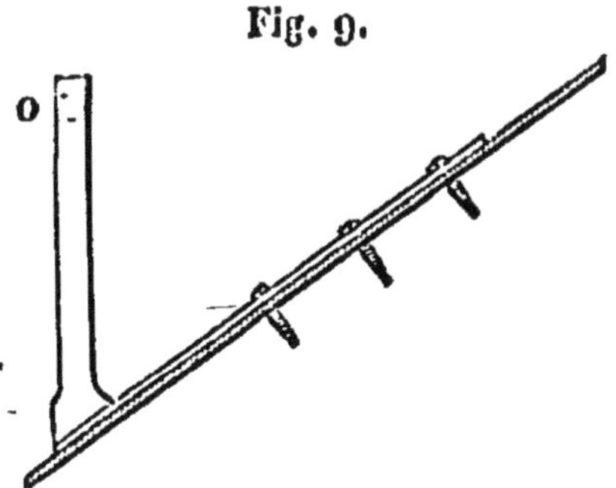

Arrivé en D ou en D′ dans le sol, à 50 ou 55 centimètres au-dessus de sa surface, il se recourbe perpendiculairement au mur suivant DE ou D′E′, se prolonge dans cette nouvelle direction l'espace de 4 à 5 mètres si l'on ne rencontre pas l'eau, mais de moins si on la rencontre plus tôt.

Le fer enfoncé dans le sol, en contact immédiat avec la terre et l'humidité, se couvre d'une rouille qui gagne peu à peu son centre et finit par le détruire. On évite cette altération en faisant courir le conducteur dans un auget rempli de charbon DE ou D'E', qu'on a représenté plus en grand dans la *fig.* 10. On construit l'auget de la manière suivante.

Fig. 10.

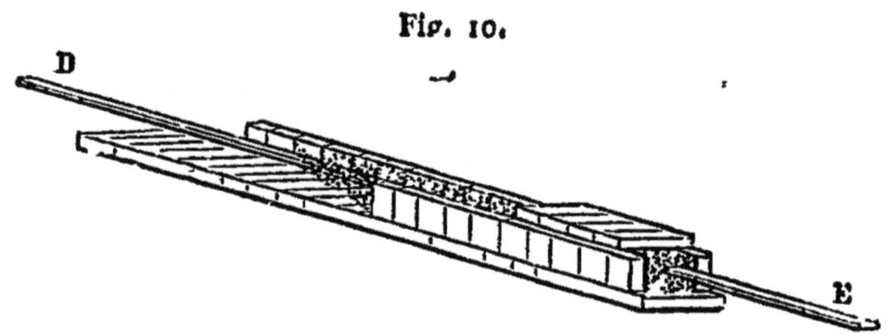

Après avoir fait une tranchée dans le sol, de 55 à 60 centimètres de profondeur, on y pose un rang de briques à plat, sur le bord desquelles on en place d'autres de champ; on met une couche de *braise de boulanger* de l'épaisseur de 3 à 4 centimètres sur les briques du fond; on pose le conducteur DE par-dessus; on achève de remplir l'auget de braise, et on le ferme par un rang de briques. La tuile, la pierre ou le bois peuvent également être employés pour former l'auget. On a l'expérience que le fer, ainsi enveloppé de charbon, n'éprouve aucune altération dans l'espace de trente années; mais le charbon n'a pas seulement l'avantage d'empêcher le fer de se rouiller dans la terre; comme il conduit très-bien la matière électrique quand il a été rougi (et c'est pour cela que nous avons recommandé d'employer la braise de boulanger), il facilite l'écoulement de la foudre dans le sol.

Le conducteur, sortant de l'auget dont on vient de parler, perce le mur du puits dans lequel il doit descendre, et s'immerge dans l'eau de manière à y rester plongé de 65 centimètres au moins dans les plus basses eaux. Son extrémité se termine ordinairement par deux ou trois racines, pour faciliter l'écoulement de la matière électrique du conducteur dans l'eau. Si le puits est placé dans l'intérieur du bâtiment, on percera le mur de ce dernier au-dessous du sol, et l'on dirigera par l'ouverture qu'on aura faite le conducteur dans le puits.

Lorsqu'on n'a pas de puits à sa disposition pour y faire descendre le conducteur du paratonnerre, on fait dans le sol, avec une tarière de 13 à 16 centimètres de diamètre, un trou de 3 à 5 mètres de profondeur; on y fait descendre le conducteur en le tenant à égale distance de ses parois, et on remplit l'espace intermédiaire avec de la braise que l'on comprime autant que possible; mais lorsqu'on voudra ne rien épargner pour établir un paratonnerre, nous conseillons de creuser un trou beaucoup plus large E'F' (*fig.* 1), au moins de 5 mètres de profondeur, à moins qu'on ne rencontre l'eau plus tôt, de terminer l'extrémité du conducteur par plusieurs racines, de les envelopper de charbon si elles ne plongent pas dans l'eau, et d'en entourer de même le conducteur au moyen d'un auget de bois que l'on en emplira.

Dans un terrain sec, comme, par exemple, dans un roc, on donnera à la tranchée qui doit recevoir le conducteur une longueur au moins double de celle qui a été indiquée pour un terrain ordinaire, et même davantage, s'il était possible d'arriver jusque dans un endroit humide. Si les localités ne permettent pas d'étendre la tranchée en longueur, on en fera d'autres transversales, comme on le voit en A (*fig.* 11 et 12),

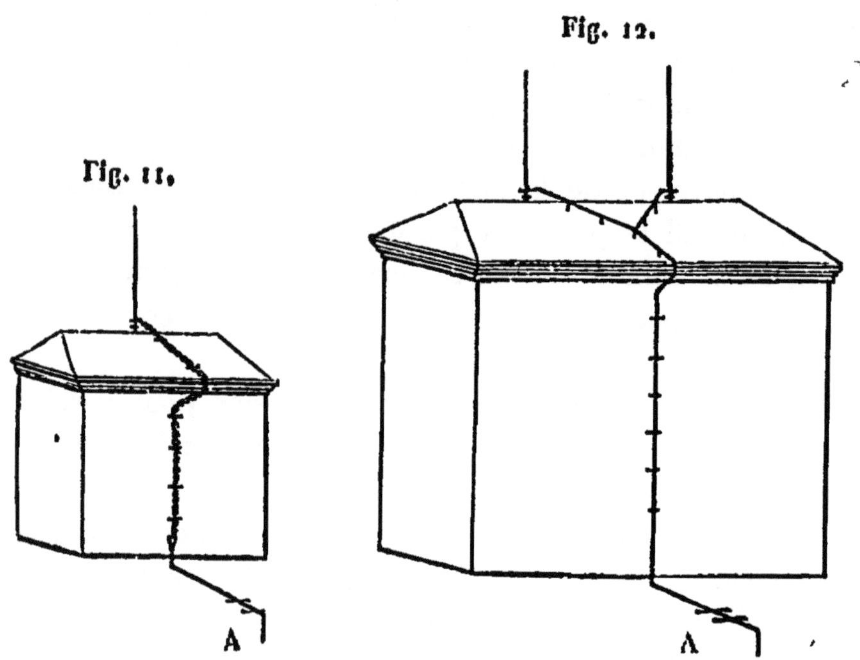

dans lesquelles on placera de petites barres de fer entourées de braise, que l'on fera communiquer avec le conducteur. Dans tous les cas, l'extrémité de ce dernier doit s'enfoncer dans un large trou, s'y diviser en plusieurs racines, et être recouverte de braise ou de charbon qui aura été rougi.

En général, on doit faire les tranchées pour le conducteur dans l'endroit le plus humide autour du bâtiment, les placer par conséquent dans les lieux les plus bas, et diriger au-dessus les eaux pluviales, afin de les tenir dans un état plus constant d'humidité. On ne saurait trop prendre de précautions pour procurer à la foudre un prompt écoulement dans le sol; car c'est principalement de cette circonstance que dépend l'efficacité des paratonnerres.

Les barres de fer qui forment le conducteur présentant, en raison de leur rigidité, quelque difficulté pour leur faire suivre les contours d'un bâtiment, on a imaginé de les remplacer par des cordes métalliques qui, indépendamment de leur flexibilité, ont encore l'avantage d'éviter les raccords et de diminuer les chances de solution de continuité. On réunit quinze fils de fer pour faire un toron, et quatre de ces torons forment la corde, qui alors a 16 ou 18 millimètres de diamètre. Pour prévenir sa destruction par l'air et l'humidité, chaque toron est goudronné séparément, et la corde l'est ensuite avec beaucoup de soin. On l'attache à la tige du paratonnerre de la même manière que le conducteur fait avec des barres de fer, c'est-à-dire qu'on la pince fortement au moyen d'un boulon entre les deux oreilles du collier B (*fig.* 13), qui sont un peu concaves et hérissées de quelques pointes pour mieux embrasser et retenir la corde. Les crampons qui la supportent sur le toit, au lieu d'être terminés en fourche, le sont par un anneau O (*fig.* 9) dans lequel passe la corde. Parvenue à 2 mètres du sol, on la réunit à une barre de fer de 15 à 25 millimètres en carré qui termine le conducteur, comme on le voit en C (*fig.* 14); car, dans le sol, la corde serait promptement détruite. On assure que des cordes ainsi employées n'ont pas éprouvé d'altération sensible dans l'espace de trente années. Néanmoins, comme il est incontestable que les barres de fer bien assemblées sont beaucoup moins destructibles, nous conseillerons de leur donner la préférence autant qu'on le pourra. Si les localités obligeaient à employer des cordes, on pourrait les faire en fil de cuivre ou de laiton, qui est beaucoup moins destructible et qui, étant aussi meilleur conducteur, permettrait de ne donner aux cordes que 16 millimètres de diamètre. C'est surtout pour les clochers que les cordes métalliques peuvent être d'une grande utilité, à cause de la facilité de leur pose.

Si le bâtiment que l'on arme d'un paratonnerre renferme des pièces métalliques un peu considérables, comme des lames de plomb qui recouvrent le faîtage et les arêtes du toit, des

Fig. 13. Fig. 14.

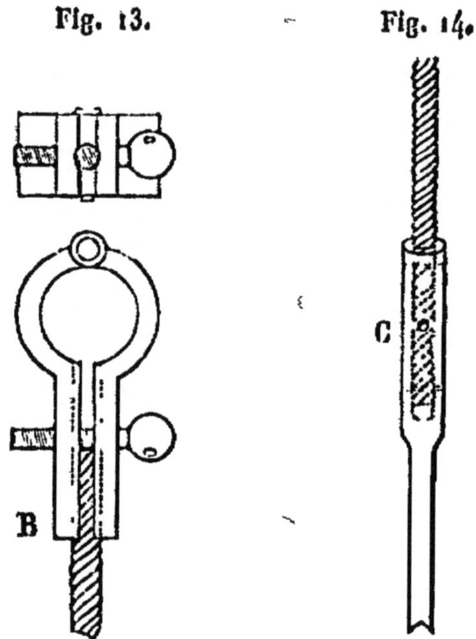

gouttières en métal, de longues barres de fer pour assurer la solidité de quelque partie du bâtiment, il sera nécessaire de les faire toutes communiquer avec le conducteur du paratonnerre ; mais il suffira d'employer pour cet objet des barres de 8 millimètres de côté, ou du fil de fer d'un égal diamètre. Si cette réunion n'avait pas lieu, et que le conducteur renfermât quelque solution de continuité, ou qu'il ne communiquât pas très-librement avec le sol, il serait possible que la foudre se portât avec fracas du paratonnerre sur quelqu'une des parties métalliques. Plusieurs accidents ont eu lieu par cette cause; nous en avons cité deux exemples au commencement de cette Instruction (1).

Paratonnerres pour les églises.

Le paratonnerre dont on vient de donner les détails de construction, et que l'on a pris pour type, est applicable à toute espèce de bâtiments, aux tours, aux dômes, aux clochers et aux églises, avec de très-légères modifications.

Sur une tour, la tige du paratonnerre doit s'élever de 5 à 8 mètres, suivant l'étendue de sa plate-forme; 5 mètres suffiront pour les plus petites et 8 pour les plus grandes.

Les dômes et les clochers, dominant ordinairement de beaucoup les objets circonvoisins, un paratonnerre, placé à leur sommet, en tire un très-grand avantage pour étendre son influence au loin, et n'a pas besoin, pour les protéger, de s'élever à la même hauteur que sur les édifices terminés par un toit très-étendu. D'un autre côté, l'impossibilité d'établir solidement des tiges de 7 à 8 mètres sur les dômes et les clochers, sans dépenses considérables, doit faire renoncer à en employer dans ces dimensions. Nous conseillons donc, pour ces édifices, et surtout pour ceux dont le sommet est d'un accès difficile, de n'employer que des tiges minces, s'élevant

(1) Nous devons plusieurs des détails de construction que nous venons de donner à M. Mérot, habile constructeur de paratonnerres, qui, à notre demande, nous a communiqué avec empressement les résultats de sa pratique.

de 1 à 2 mètres au-dessus des croix qui les terminent. Ces tiges étant alors très-légères, il sera facile de les fixer solidement à la tête des croix, sans que la forme de ces dernières paraisse altérée de loin, et sans que le mouvement des girouettes qu'elles portent ordinairement en soit gêné.

Nous pensons même que, pour peu qu'on éprouve des difficultés à placer ces tiges sur un dôme ou sur un clocher, on peut les supprimer entièrement. Il suffira, pour défendre ces édifices des atteintes de la foudre, d'établir, comme pour le cas où ils sont armés de tiges, une communication très-in-

Fig. 15. Fig. 16.

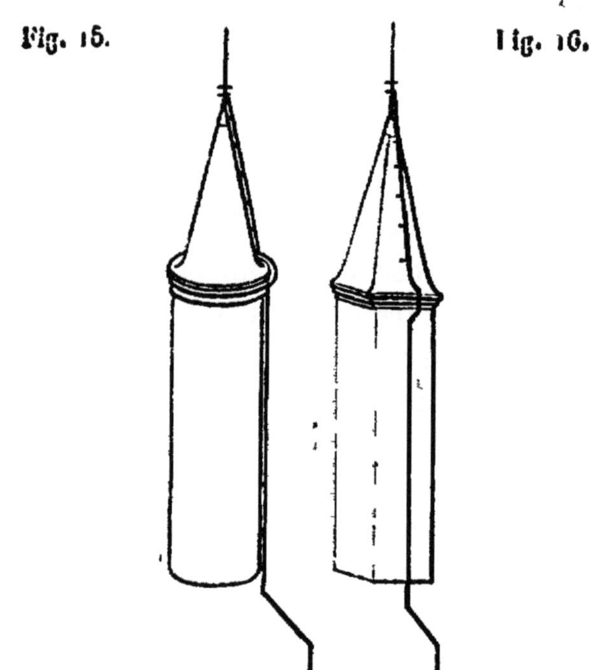

time entre le pied de chaque croix et le sol. Cette disposition, qui est très-peu dispendieuse et qui offre également une très-grande sûreté, sera surtout avantageuse pour les clochers des petites communes rurales. La *fig.* 15 représente un clocher sans tige de paratonnerre, dont la croix est en communication avec le sol, ou d'un conducteur partant de son pied, et la *fig.* 16 offre un clocher surmonté d'une tige attachée à sa croix.

Fig. 17.

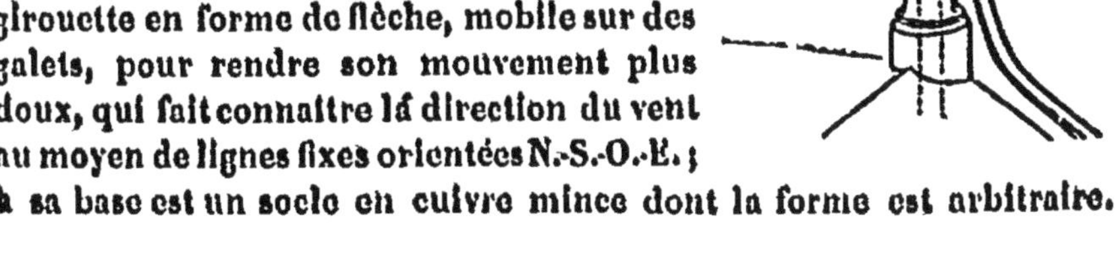

Quant aux églises, lorsqu'elles ne seront pas protégées par le paratonnerre de leur clocher, il sera nécessaire de les armer avec des tiges de 5 à 8 mètres de haut, semblables à celle qui a été décrite pour un édifice aplati (1).

Paratonnerres pour les magasins à poudre et les poudrières.

La construction des paratonnerres pour les magasins à poudre et les poudrières ne diffère pas essentiellement de celle qui a été décrite comme type pour toute espèce de bâtiment ; on doit seulement redoubler d'attention pour

---

(1) La *fig.* 17 représente la tige d'un paratonnerre fait avec luxe, comme on en place sur quelques bâtiments : elle porte une girouette en forme de flèche, mobile sur des galets, pour rendre son mouvement plus doux, qui fait connaître la direction du vent au moyen de lignes fixes orientées N.-S.-O.-E. ; à sa base est un socle en cuivre mince dont la forme est arbitraire.

é iter la plus légère solution de continuité, et ne rien épargner

Fig. 18.

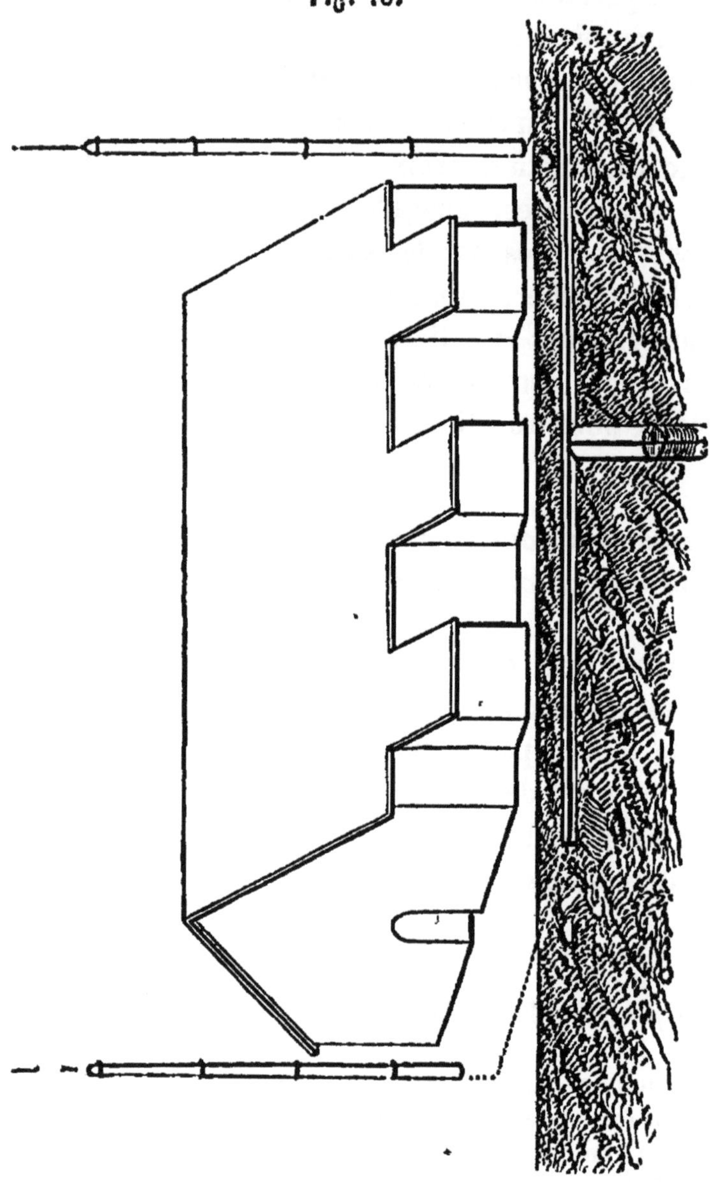

pour établir entre la tige du paratonnerre et le sol la communication la plus intime. Toute solution de continuité donnant lieu, en effet, à une étincelle, le pulvérin qui voltige et se dépose partout dans l'intérieur, et même à l'extérieur de ces bâtiments, serait enflammé, et pourrait propager son inflammation jusqu'à la poudre. C'est par ce motif qu'il serait très-prudent de ne point placer les tiges sur les bâtiments mêmes, mais bien sur des mâts qui en seraient éloignés de 2 à 3 mètres (*fig.* 18). Il sera suffisant de donner aux

Fig. 19.

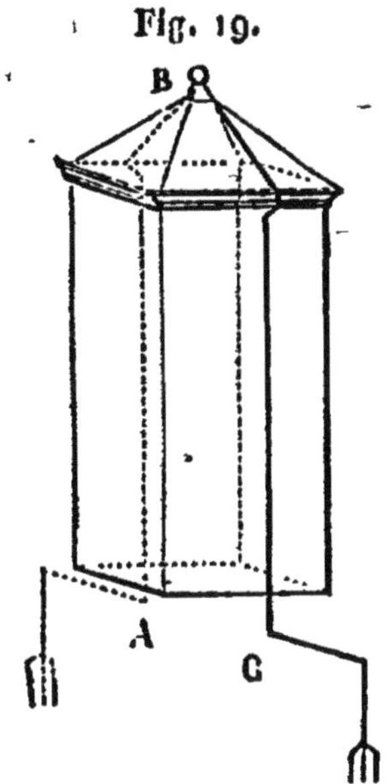

tiges 2 mètres de longueur; mais on donnera aux mâts une hauteur telle, qu'avec leurs tiges ils dominent les bâtiments au moins de 4 à 5 mètres. On fera aussi très-bien de multiplier les paratonnerres plus qu'on ne le ferait partout ailleurs; car ici les accidents sont des plus funestes. Si le magasin était très-élevé, comme, par exemple, une tour, les mâts seraient d'une construction difficile et dispendieuse pour leur donner de la solidité : on se contenterait, dans ce cas, d'armer le bâtiment d'un double conducteur ABC (*fig.* 19), sans tige de paratonnerre, qu'on pourrait faire en cuivre. Ce conducteur, n'étendant pas son influence au delà du bâtiment, ne pourrait attirer la foudre de loin, et il aurait cependant l'avantage de garantir le bâtiment de ses atteintes s'il en était frappé; de sorte que ceux-là mêmes qui rejettent les paratonnerres, parce qu'ils croient qu'ils déterminent la foudre à tomber sur un bâtiment qu'elle eût épargné sans eux, ne pourraient faire aucune objection fondée contre la disposition qui vient d'être indiquée. On pourrait armer d'une manière semblable un magasin ordinaire ou tout autre bâtiment

Fig. 20.

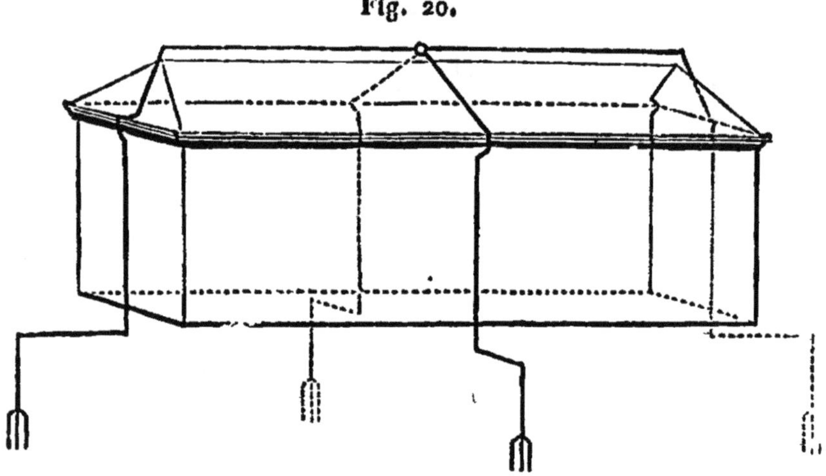

(*fig.* 20). A défaut de paratonnerres, des arbres élevés, disposés autour des bâtiments, à 5 ou 6 mètres de leurs faces, les défendent efficacement de la chute de la foudre.

Paratonnerres pour les bâtiments de mer.

Pour un vaisseau (*fig.* 21), la tige du paratonnerre se réduit à la partie en cuivre AC (*Pl. I, fig.* 3) qui a été décrite pour le paratonnerre type. Cette tige est vissée sur une

Fig. 21.

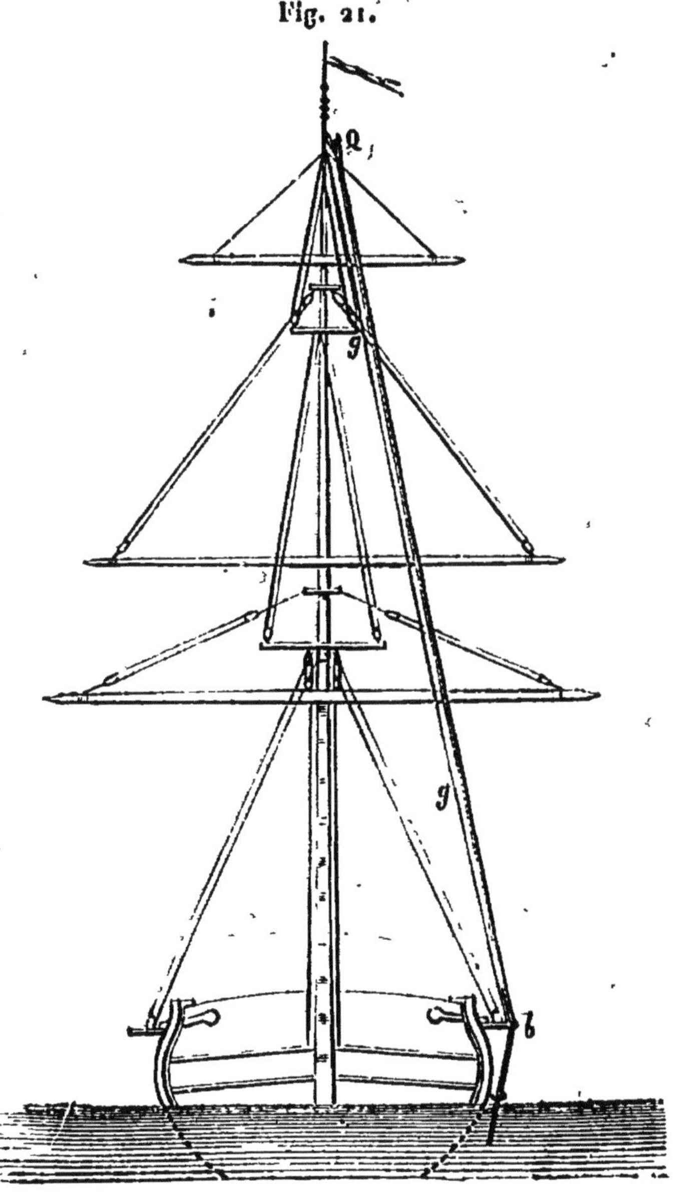

verge de fer ronde CB (*fig.* 22), qui entre dans l'extrémité I de la flèche du mât de perroquet, et qui porte une girouette. Une barre de fer MQ, liée au pied de la verge, descend le long de la flèche et se termine par un crochet ou anneau Q, auquel s'attache le conducteur du paratonnerre, qui est ici une corde métallique; celle-ci est maintenue de distance en distance à un cordage *gg* (*fig.* 21), et, après avoir passé dans un anneau *b*, fixé au porte-hauban, elle se réunit à une barre ou plaque de métal qui communique avec le doublage en cuivre du vaisseau. Sur les bâtiments de peu de longueur, on n'établit ordinairement qu'un paratonnerre au grand mât; sur les autres, on en met un second au mât de misaine. La *fig.* 21 peut représenter également l'un ou l'autre de ces deux mâts, sur lesquels les paratonnerres sont établis exactement de la même manière.

Fig. 22.

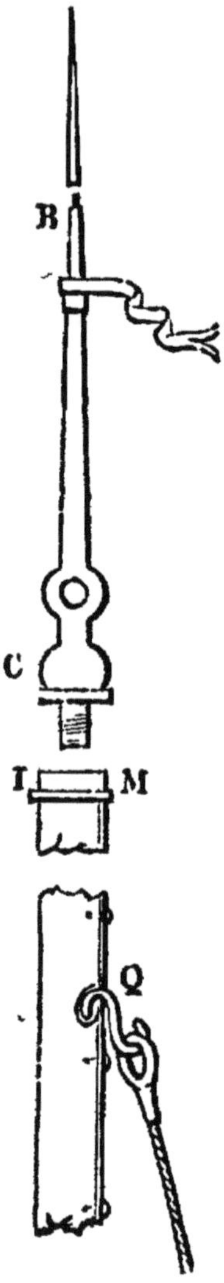

B

C

I M

Q

Disposition générale des paratonnerres sur un édifice.

On admet, d'après l'expérience, qu'une tige de paratonnerre protége efficacement contre la foudre autour d'elle un espace circulaire d'un rayon double de sa hauteur. Ainsi, d'après cette règle, un bâtiment de 20 mètres en long ou en carré n'aurait besoin, pour être défendu, que d'une seule tige de 5 à 6 mètres de hauteur, élevée sur le milieu de son toit (*fig.* 23 et 24). Dans la *fig.* 24, le conducteur est une corde métallique.

Un bâtiment de 40 mètres, d'après la même règle, serait défendu par une tige de 10 mètres et l'on en place effectivement de semblables ; mais il serait préférable, au lieu d'une seule tige, d'en élever deux de 5 à 6 mètres de hauteur, et de les disposer de manière que l'espace autour d'elles fût également protégé de toutes parts, ce à quoi l'on parviendrait en les plaçant chacune à 10 mètres de l'extrémité du bâtiment, et, par conséquent, à 20 mètres l'une de l'autre

Fig. 23. Fig. 24.

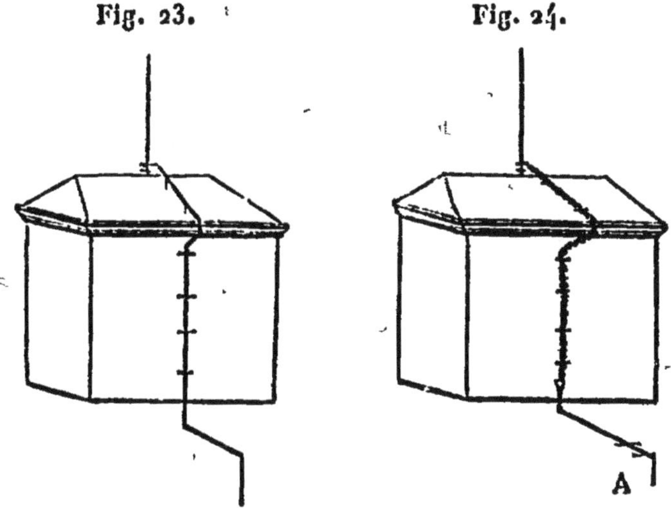

(*fig.* 25). Pour trois ou un plus grand nombre de paratonnerres, on suivrait la même règle.

Les paratonnerres des tours et des clochers, en raison de leur grande élévation, doivent certainement étendre leur sphère d'action plus loin que s'ils étaient moins élevés ; mais cette action s'étend-elle, comme on l'a supposé pour des tiges de 5 à 10 mètres, à une distance double de la hauteur de leur pointe au-dessus des objets qu'ils dominent ? Il est possible qu'elle s'étende même plus loin ; mais, l'expérience ne nous ayant encore rien appris à cet égard, il sera prudent d'armer les églises de paratonnerres, en admettant que ceux du clocher ne protégent efficacement autour d'eux qu'un espace d'un rayon égal à leur hauteur au-dessus du faîtage de leur toit. Ainsi le paratonnerre d'un clocher, s'élevant de 30 mètres au-dessus du toit d'une église, ne le défendrait plus à 30 mètres de l'axe du clocher; et si le toit s'étendait au delà, il serait

Fig. 25.

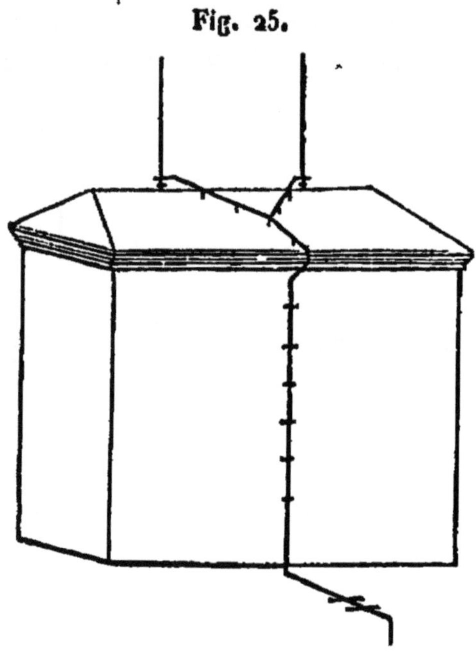

nécessaire d'y placer des paratonnerres, d'après la règle que nous avons prescrite pour les édifices peu élevés (*fig.* 26 et 27).

Disposition générale des conducteurs des paratonnerres.

Quoique nous ayons déjà beaucoup insisté sur la condition d'établir une communication très-intime entre la tige des paratonnerres et le sol, son importance nous détermine à la rappeler encore. Elle est telle, que, si elle n'était pas remplie, non-seulement les paratonnerres perdraient beaucoup de leur efficacité, mais que même ils pourraient devenir dangereux, en appelant la foudre sur eux, quoique dans l'impuissance de la conduire dans le sol. Les autres conditions dont il nous reste à parler sont sans doute moins essentielles que cette dernière, mais elles n'en méritent pas moins qu'on y ait égard.

Fig. 20.

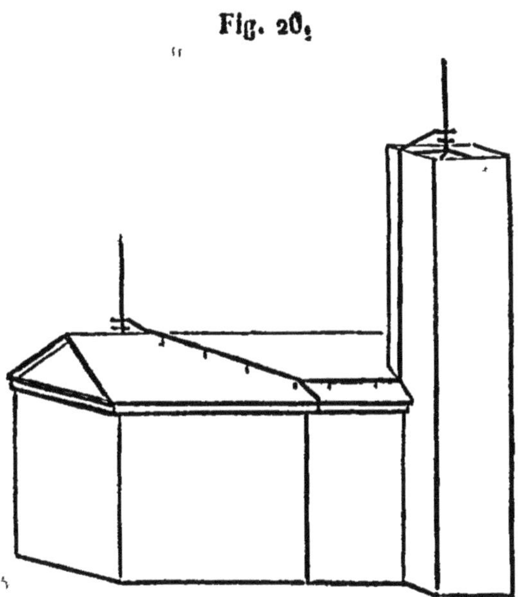

On doit toujours faire parvenir la foudre, depuis la tige du paratonnerre jusque dans le sol, par la voie la plus courte.

Conformément à ce principe, lorsqu'on placera deux paratonnerres sur un édifice, et qu'on leur donnera un conducteur commun, ce qui est, en effet, suffisant, on fera concourir en un point sur le toit, à égale distance de chaque tige, les portions des conducteurs qui ne peuvent être communes; et, à partir de ce point, une barre de fer, de la même dimension que pour un seul paratonnerre, servira de conducteur aux deux (*fig.* 28 et 29).

Lorsqu'on aura trois paratonnerres sur un édifice, il sera prudent de leur donner deux conducteurs (*fig.* 27). En général, chaque paire de paratonnerres exige un conducteur particulier.

Quel que soit le nombre des paratonnerres placés sur un

Fig. 27.

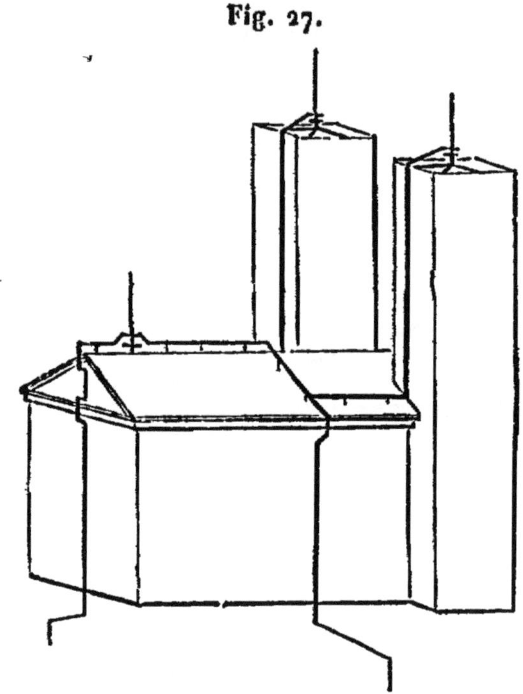

édifice, on les rendra tous solidaires, en établissant une communication intime entre les pieds de toutes leurs tiges, au moyen de barres de fer de mêmes dimensions que celles des conducteurs (*fig.* 30, 31, 32).

Lorsque les localités le permettront, on placera les conducteurs sur les murs des bâtiments qui font face au côté d'où viennent le plus fréquemment les orages dans chaque lieu. En effet, ces murs, étant exposés à être mouillés par la pluie, deviennent des conducteurs, quoique imparfaits, en raison de la mince nappe d'eau qui les couvre; et, si le conducteur du paratonnerre n'était pas en communication intime avec le sol, il serait possible que la foudre l'abandon-

Fig. 28.

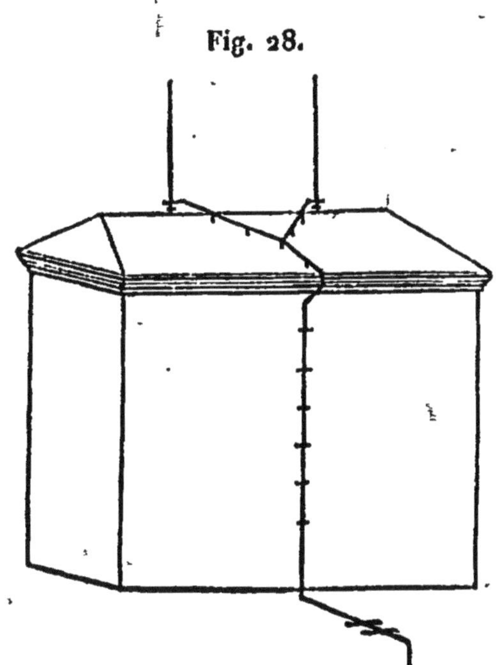

nât pour se précipiter sur la face mouillée. Un autre motif encore, c'est que la direction de la foudre peut être déterminée par celle de la pluie, et qu'en outre la face mouillée peut, comme conducteur, appeler la foudre de préférence au paratonnerre. C'est surtout pour les clochers que cette observation est importante et qu'il est nécessaire d'y avoir égard.

Observations sur l'efficacité des paratonnerres.

Une expérience de cinquante années sur l'efficacité des paratonnerres démontre que, lorsqu'ils ont été construits avec les soins convenables, ils garantissent de la foudre les édifices sur lesquels ils sont placés. Dans les États-Unis d'Amé-

Fig. 29.

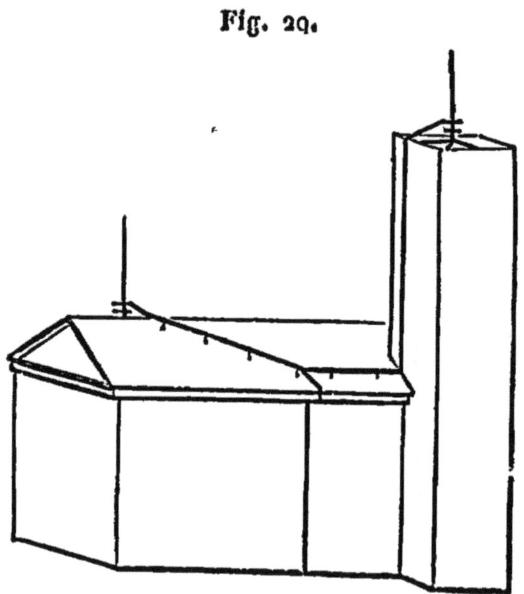

rique, où les orages sont beaucoup plus fréquents et plus redoutables qu'en Europe, leur usage est devenu populaire; un très-grand nombre de bâtiments ont été foudroyés, et l'on en cite à peine deux qu'ils n'aient pas mis entièrement à l'abri des atteintes de la foudre. Tout le monde sait que les parties métalliques, sur un édifice, sont frappées de préférence par la foudre, et ce fait seul démontre l'efficacité des paratonnerres, qui ne sont que des barres métalliques disposées de la manière la plus avantageuse, d'après les connaissances acquises sur la matière électrique par la théorie et l'expérience. La crainte d'une chute plus fréquente de la foudre sur les édifices armés de paratonnerres n'est pas fondée, car leur influence s'étend à une trop petite distance pour qu'on puisse croire qu'ils déterminent la foudre d'un nuage à se précipiter dans le lieu où ils sont établis. Il paraît, au contraire, certain, d'après l'observation, que les édifices armés de paratonnerres ne sont pas foudroyés plus fréquemment qu'avant qu'ils le fussent. D'ailleurs la propriété d'un paratonnerre d'attirer plus fréquemment la foudre supposerait aussi celle de la transmettre librement dans le sol, et dès lors il ne pourrait en résulter aucun inconvénient pour la sûreté des édifices.

Fig. 30.

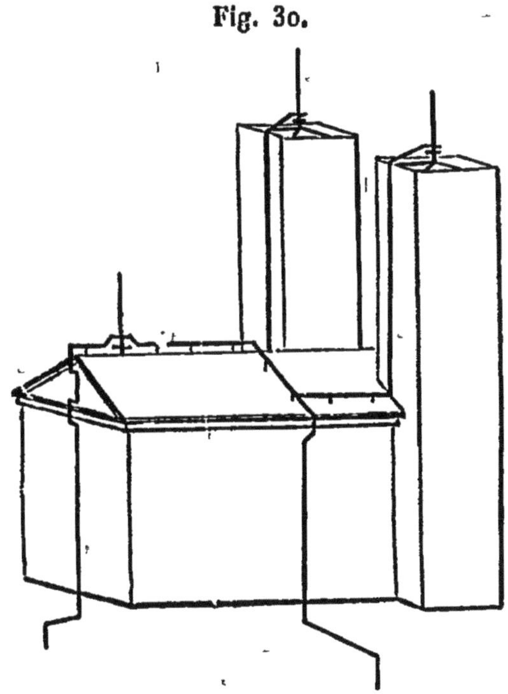

Nous avons recommandé l'usage des pointes aiguës pour les paratonnerres, parce qu'elles ont l'avantage, sur les barres

Fig. 31.

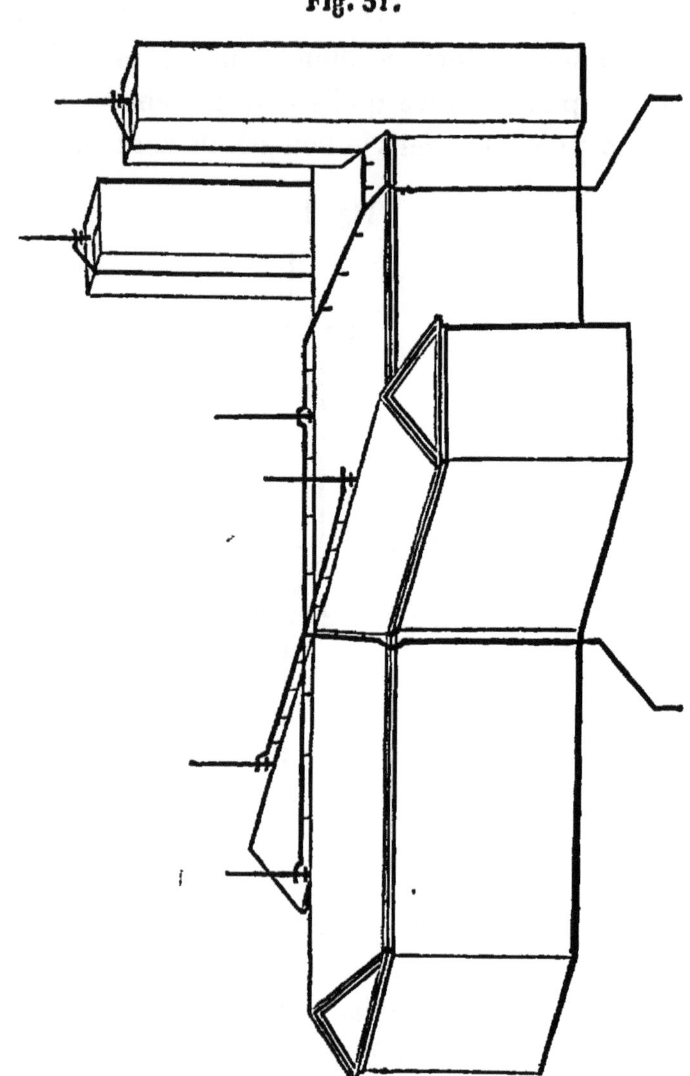

arrondies à leur extrémité, de verser continuellement dans l'air, sous l'influence du nuage orageux, un torrent de matière électrique de nature contraire à la sienne, qui doit très-probablement se diriger vers celle du nuage, et en partie la neutraliser. Cet avantage n'est point du tout à négliger; car il suffit de connaître le pouvoir des pointes, et les expériences de Charles et de Romas avec un cerf-volant sous un nuage orageux, pour rester convaincu que les paratonnerres en pointe, s'ils étaient plus multipliés et placés sur des lieux élevés, diminueraient réellement la matière électrique des

Fig. 32.

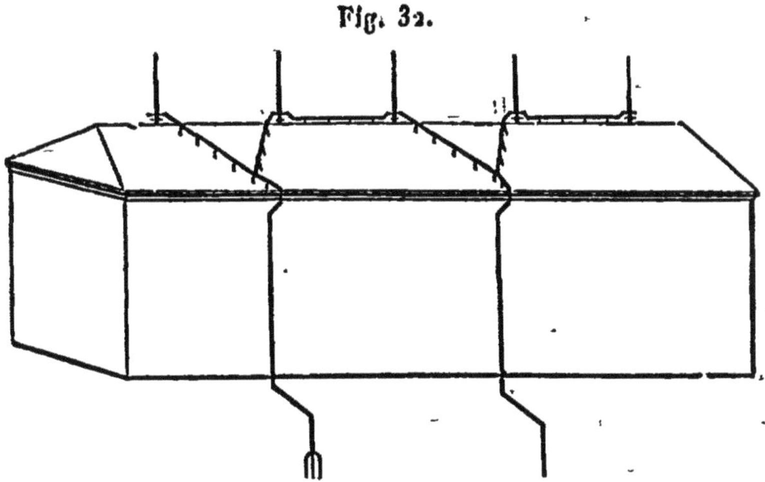

nuages et la fréquence de la chute de la foudre sur la surface de la terre.

Cependant, lorsque la pointe d'un paratonnerre aura été émoussée par la foudre ou par une cause quelconque, il ne faudra pas croire, parce qu'elle aura perdu l'avantage dont on vient de parler, qu'elle ait aussi perdu son efficacité pour protéger le bâtiment qu'elle est destinée à défendre. Le docteur Rittenhouse rapporte qu'ayant souvent examiné et passé en revue, avec un excellent télescope de réflexion, les pointes des paratonnerres de Philadelphie, où ils sont en grand nombre, il en a vu beaucoup dont les pointes étaient fondues, mais qu'il n'a jamais appris que les maisons où ces paratonnerres étaient établis eussent été frappées de la foudre depuis la fusion de leurs pointes. Or cela n'aurait pas manqué d'arriver à quelques-unes, au moins au bout d'un certain temps, si leurs paratonnerres n'avaient pas continué de bien faire leurs fonctions; car on sait, par nombre d'observations, que, lorsque le tonnerre est tombé en quelque endroit, il n'est pas rare de l'y voir retomber encore.

Pour que le fruit que l'on doit retirer de l'établissement des paratonnerres soit aussi grand que possible, et que l'on puisse profiter de l'expérience acquise sur une localité, pour la faire tourner à l'avantage général, nous formons le vœu que M. le Ministre de l'Intérieur, après avoir ordonné l'exécution d'une mesure réclamée depuis longtemps, et dont il sent toute l'utilité, invite les autorités locales à lui transmettre fidèlement tous les renseignements relatifs à la chute de la foudre sur un édifice armé de paratonnerre. Ces renseignements seraient la source d'améliorations importantes et contribueraient, en faisant connaître les avantages d'un préservatif aussi simple et aussi sûr, à en rendre l'adoption plus générale.

SUPPLÉMENT

À

L'INSTRUCTION SUR LES PARATONNERRES,

PRÉSENTÉ

PAR LA SECTION DE PHYSIQUE,

MM. BECQUEREL, BABINET, DUHAMEL, DESPRETZ, CAGNARD DE LATOUR,
POUILLET rapporteur (1).

En 1823, l'Académie des Sciences avait chargé la Section de Physique de rédiger une Instruction spéciale sur les paratonnerres; M. Gay-Lussac fut choisi pour préparer ce travail, et son Rapport reçut bientôt l'approbation de la Section et celle de l'Académie. Depuis cette époque, l'Instruction sur les paratonnerres est devenue en quelque sorte un manuel populaire par la grande publicité qu'on lui a donnée de toutes parts. En France, l'Administration supérieure, qui avait demandé ce document, s'empressa de le répandre dans toutes

(1) Extrait des *Comptes rendus des séances de l'Académie des Sciences*, tome XXXIX, page 1142, séance du 18 décembre 1854.

les parties des services publics, afin que peu à peu on parvînt à protéger plus méthodiquement contre les effets de la foudre les cathédrales et les églises, si souvent menacées à cause de leurs dispositions architecturales, les fabriques de poudre, les magasins et les arsenaux, les bâtiments à voile ou à vapeur, enfin les édifices de toute espèce et les habitations privées. A l'étranger, ces préceptes généraux et pratiques, approuvés par l'Académie, furent de même accueillis avec empressement et confiance.

Il y a maintenant un siècle que pour la première fois on essaya les paratonnerres; mais leur efficacité ne pouvait pas être admise sans contradiction : les ignorants ne pouvaient pas croire que quelques baguettes de fer, ajustées d'une certaine manière, fussent capables de maîtriser la puissance de la foudre; et parmi les savants il se trouva aussi, sur ce point, bon nombre d'incrédules. De longues épreuves étaient donc nécessaires pour faire prévaloir cette vérité, qui avait contre elle tout le monde, hormis Franklin et quelques physiciens d'Europe. Les contradicteurs scientifiques ne se bornaient pas à dire que les paratonnerres étaient inutiles, ils trouvaient des raisons de croire et de faire croire au public que les paratonnerres étaient nuisibles; que, loin d'arrêter la foudre, leur présence en pouvait déterminer l'explosion et la rendre plus funeste. Ainsi, au lieu de rassurer les esprits, on ajoutait encore à la terreur si naturelle qu'inspire ce redoutable météore.

Ces objections n'ont pas empêché la vérité de se faire jour, mais elles en ont retardé le développement; elles sont bien vieilles aujourd'hui, bien timides à se montrer; cependant elles agissent encore, on les rencontre de temps à autre, sinon dans le chemin de la Science, du moins dans quelques sentiers voisins. L'Instruction publiée en 1823 n'a pas peu contribué à les affaiblir, non-seulement à cause de l'autorité que lui donnait le suffrage de l'Académie, mais encore par les règles pratiques qu'elle indiquait et qu'elle expliquait d'une manière si claire et si précise, qu'il n'y avait plus moyen de les mal interpréter. Les ouvriers eux-mêmes, avec un peu d'attention, parvenaient à comprendre ce qu'ils avaient à faire, et dès lors on n'avait plus à craindre dans la pose des paratonnerres ces erreurs qui auparavant étaient assez communes et qui suffisaient pour en paralyser l'efficacité.

Depuis trente et un ans de grands changements sont survenus, d'une part dans la science de l'électricité, d'autre part dans l'art des constructions, et l'on pourrait croire que les enseignements donnés à cette époque sur le sujet qui nous occupe sont aujourd'hui trop arriérés, qu'il faut les faire passer dans le domaine de l'histoire, et les recommencer sur de nouvelles bases. Mais les sciences ne procèdent pas ainsi : elles aiment les progrès, chaque jour elles en donnent la preuve, et cependant il est rare qu'elles aient à démolir ; les agents naturels restent fidèles à leurs lois, l'action de l'électricité est aujourd'hui ce qu'elle fut toujours, seulement nous la connaissons un peu mieux ; les faits observés de notre temps sont venus s'ajouter aux faits antérieurs sans leur porter la moindre atteinte. En 1823, la découverte de l'électro-magnétisme n'avait que trois ans de date : on était loin de prévoir les grands résultats dont elle devait si rapidement enrichir la science ; cependant, malgré ces progrès considérables, inespérés, l'Instruction sur les paratonnerres n'a aucun besoin d'être réformée, du moins dans ses principes les plus essentiels. Pour ce qui tient à la nature des constructions, c'est un élément nouveau dont il faut tenir compte ; en effet, dans un grand nombre de cas, les métaux remplacent aujourd'hui la pierre et le bois; nos édifices deviennent en quelque sorte des montagnes métalliques sur lesquelles les nuages orageux ont incomparablement plus de prise. Le Palais de l'Industrie, qui s'élève aux Champs-Élysées, en est un exemple : il occupe près de 3 hectares qu'il va couvrir d'une immense construction ayant 40 mètres de hauteur, où il entre partout, depuis la base jusqu'au sommet, des masses énormes de fer, de fonte et de zinc. La Compagnie qui a entrepris ce grand monument a désiré obtenir l'avis de l'Académie sur l'ensemble des moyens qu'il y aurait à employer pour le garantir des effets de la foudre. L'Académie a chargé la Section de Physique d'examiner cette demande et de lui en faire un Rapport; à cette occasion nous avons dû reprendre l'Instruction de 1823, afin d'y introduire les modifications dont elle pourrait être susceptible.

C'est seulement d'une manière accidentelle que l'Instruction s'occupe des édifices où il entre des métaux; le seul passage qui s'y rapporte est le suivant :

« Si le bâtiment que l'on arme d'un paratonnerre renferme » des pièces métalliques un peu considérables, comme des » lames de plomb qui recouvrent le faîtage et les arêtes du » toit, des gouttières en métal, de longues barres de fer » pour assurer la solidité de quelques parties du bâtiment, il » sera nécessaire de les faire toutes communiquer avec le » conducteur du paratonnerre; mais il suffira d'employer » pour cet objet des barres de 8 millimètres de côté ou du fil » de fer d'un égal diamètre. Si cette réunion n'avait pas lieu, » et que le conducteur renfermât quelque solution de conti- » nuité, ou qu'il ne communiquât pas très-librement avec » le sol, il serait possible que la foudre se portât avec fracas » du paratonnerre sur quelqu'une des parties métalliques.

» Plusieurs accidents ont eu lieu par cette cause; nous en
» avons cité deux exemples au commencement de cette
» Instruction. »

Telles sont les indications qui avaient été données; bien qu'elles soient très-générales et peut-être un peu succinctes, elles pouvaient être suffisantes pour leur époque; mais nous pensons que le moment est venu d'entrer, à cet égard, dans de plus amples détails.

Autrefois, dans les constructions ordinaires, l'emploi des métaux était, en effet, restreint presque exclusivement aux faîtages, aux gouttières, aux tirants de consolidation; ce n'était que bien rarement, et comme par exception, que l'on rencontrait soit une charpente de fer, soit une couverture de plomb, de cuivre ou de zinc, tandis que maintenant le métal prédomine de plus en plus, on le met partout, et, ce qui est un point important, on le met en grandes superficies et en grandes masses : couvertures de métal, charpentes de métal, poutres de métal, croisées de métal, colonnes de métal, et quelquefois peut-être murailles de métal. Alors les nuages orageux décomposent, par influence, des quantités d'électricité décuples ou centuples de celles qu'ils auraient décomposées sur les corps moins bons conducteurs, comme l'ardoise ou la brique, le bois, la pierre, le plâtre, le mortier et tous les anciens matériaux de construction. Ce nouveau système réalise donc sur une immense échelle ce que l'on objectait d'abord aux paratonnerres : il attire la foudre.

Quand l'objection s'appliquait aux paratonnerres, elle n'avait qu'une apparence de vérité; car il est vrai que le paratonnerre attire la foudre, mais il est vrai aussi qu'obéissant aux lois qu'elle a reçues elle lui arrive en général sans bruit, sans éclat, et toujours infailliblement domptée et docile, ayant perdu toute sa puissance originelle de destruction. Quand l'objection, au contraire, s'applique à ces amas de substances métalliques qui entrent dans nos constructions actuelles, elle n'est pas seulement spécieuse, elle est juste, profondément juste, fondée sur les lois les mieux établies : ces constructions attirent, en effet, la foudre, et rendent ses coups plus désastreux.

Deux édifices, pareils pour la grandeur et la forme, étant situés sur le même sol et disposés de la même manière par rapport à un nuage orageux, l'un construit en pierre et bois d'après l'ancien système, l'autre en pièces métalliques d'après le nouveau, si les paratonnerres manquent et que les conditions soient telles, que la foudre doive éclater, elle frappera toujours ce dernier et jamais le premier, celui-ci se trouvant protégé par son voisin, dont les fluides sont influencés plus vivement. Il arriverait là ce qui arrive quand on présente en même temps aux conducteurs d'une machine électrique, à la même distance et de la même manière, une boule de pierre ou de bois et une boule de métal : c'est toujours celle-ci qui reçoit l'étincelle dès que l'on approche assez près pour qu'elle éclate. Les paratonnerres sont donc d'autant plus indispensables que les édifices contiennent de plus grandes superficies et de plus grands volumes de substances métalliques.

Pour se faire une idée juste de toutes les causes qui concourent à l'explosion de la foudre, il ne faut pas considérer seulement les constructions et, en général, tous les objets qui s'élèvent au-dessus du sol : il faut tenir compte encore du sol lui-même et de toutes les substances qui le constituent depuis sa surface jusqu'à de grandes profondeurs dans les entrailles de la terre. Un sol aride, composé d'une couche mince de terre végétale, sous laquelle se trouvent d'épaisses formations de sables secs, de calcaire ou de granit, n'attire pas la foudre, parce qu'il n'est pas conducteur de l'électricité ; s'il est exposé à ses coups, ce n'est qu'accidentellement après les pluies qui en ont imbibé la surface. Là, les bâtiments participent jusqu'à un certain point au privilége du sol, à moins qu'ils ne soient construits dans le nouveau système et qu'ils n'occupent une étendue assez considérable. Mais, sous ce sol aride et sec, y a-t-il, à plusieurs dizaines de mètres de profondeur, de grands gisements métalliques, de vastes cavernes, des nappes d'eau ou seulement des fontaines abondantes, les nuages orageux exercent leur action sur ces matières conductrices, la foudre est attirée, elle éclate en franchissant l'intervalle ; la croûte sèche n'est pas un obstacle insurmontable, elle peut être percée, fouillée, fondue, à peu près comme l'est une couche de vernis par l'étincelle électrique. Alors, malheur aux constructions qui se trouvent sur son passage : fussent-elles de pierre ou de bois, elles sont brisées comme le reste, à moins qu'elles n'aient à opposer pour défense un paratonnerre bien établi. Si ces couches humides ou métalliques se trouvent cachées à des profondeurs plus grandes, le danger de l'explosion diminue par deux causes : d'une part, l'enveloppe qui les couvre devient plus difficile à traverser ; d'une autre part, l'action des nuages s'affaiblit par l'augmentation de la distance. On peut citer en preuve les vallées étroites qui ont quelques centaines de mètres de profondeur : la foudre n'y pénètre jamais ; elle peut frapper les crêtes des collines, mais il est sans exemple qu'elle soit descendue jusqu'aux habitations, aux arbres ou aux ruisseaux qui en occupent les parties basses. Ces faits constants donnent en quelque sorte la mesure de l'accroissement de distance aux nuages qui est nécessaire pour être à l'abri du danger.

Il importe de bien remarquer que jamais la foudre ne s'élance sans savoir où elle va, que jamais elle ne frappe au hasard : son point de départ et son point d'arrivée, qu'ils soient simples ou multiples, se trouvent marqués d'abord par un rapport de tension électrique, et, au moment de l'explosion, le sillon de feu qui les unit, allant à la fois de l'un à l'autre, commence en même temps par ses deux extrémités. Les herbes, les buissons, les arbres même sont des objets trop petits pour la foudre, ils ne peuvent pas être son but; s'ils sont frappés, c'est parce qu'ils se trouvent sur son chemin, c'est parce qu'il y a au-dessous d'eux des masses conductrices plus étendues qui sont le but caché d'attraction, qui reçoivent au large l'influence et déterminent l'explosion.

Ainsi les lieux les plus exposés sont les lieux qui, étant les plus rapprochés des nuages, sont en même temps découverts, humides et bons conducteurs; les arbres élevés sur les sommets des coteaux sont soumis à la première condition, les vaisseaux au milieu de la mer sont soumis à la seconde, et il se peut trouver à une hauteur moyenne des localités qui tiennent assez de l'une et de l'autre pour recevoir à la fois les coups les plus fréquents et les plus terribles; car le coup d'un même nuage orageux peut être fort ou faible, suivant l'étendue grande ou petite du corps conducteur qui le fait éclater.

Nous citerons ici quelques faits qui nous paraissent propres à faire mieux comprendre ces principes généraux, et en même temps à justifier les modifications que nous avons à proposer dans la construction du paratonnerre.

Le 19 avril 1827, le paquebot *le New-York*, de 520 tonneaux, venant de New-York à Liverpool, reçut deux coups de foudre; il était alors par 38 degrés de latitude nord et

63 degrés de longitude occidentale, par conséquent à 600 kilomètres des terres les plus voisines.

Au premier coup, n'ayant point de paratonnerre, il eut à éprouver de graves dégâts, comme on en peut juger par ce seul fait bien digne de remarque : un tuyau de plomb, communiquant du cabinet de toilette à la mer, fut mis en fusion ; il avait cependant 8 *centimètres* de diamètre et 13 *millimètres* d'épaisseur.

Au deuxième coup, le paratonnerre était établi ; il se composait d'une baguette de fer conique ayant $1^{m},20$ de longueur, 11 millimètres de diamètre à la base, et d'une chaîne d'arpenteur longue d'environ 40 mètres, établissant la communication entre la mer et le pied du paratonnerre. Cette chaîne était faite avec du fil de fer de 6 millimètres de diamètre ; les chaînons avaient 45 centimètres de longueur, terminés en boucles ; aux deux bouts ils étaient réunis par des anneaux ronds.

A l'instant de l'explosion, tout le bâtiment fut éclairé d'une vive lumière ; en même temps la chaîne était dispersée de toutes parts en fragments brûlants ou en globules enflammés ; le paratonnerre lui-même était fondu sur une longueur de 30 centimètres à partir de la pointe, la fusion s'arrêtant au diamètre de 6 millimètres. Ces globules de fer en combustion, gros comme des balles, mettaient le feu sur le pont à cinquante endroits, malgré une couche de grêle qui le couvrait, malgré la pluie qui tombait à flots. Le reste du paratonnerre était en place, avec un bout de chaînon de 8 centimètres, et le plus gros fragment de la chaîne retrouvé sur le pont n'avait pas 1 mètre de longueur ; il portait des boursouflures qui accusaient l'action du feu.

A ce premier fait nous en joindrons un second plus récent ;

nous l'empruntons encore aux événements de la mer, parce qu'en général ils sont décrits à l'instant même, et avec précision, par des hommes qui ont l'habitude d'observer. Celui-ci est extrait de la Relation que M. le Ministre de la Marine a adressée à l'Académie des Sciences :

Le 13 juin 1854, dans la baie de Baltchick, à 7 heures du soir, le tonnerre est tombé sur le vaisseau à deux ponts *le Jupiter*, faisant partie de l'escadre de la mer Noire.

Les chaînes des paratonnerres étaient en place ; celle du grand mât, qui a reçu le coup, plongeait dans la mer de 2 mètres, portant à son extrémité un boulet de 2 kilogrammes.

Au moment de l'explosion on a vu une vive lumière ; l'intensité du bruit et les tourbillons de fumée ont fait supposer d'abord que c'était un coup de canon parti de l'une des batteries, mais l'erreur n'a duré qu'un instant ; la chaîne du paratonnerre avait disparu, on en voyait partout les débris ; le gaillard d'arrière, la dunette, le porte-hauban en étaient couverts ; plusieurs hommes de l'équipage en avaient reçu dans leurs vêtements, trois d'entre eux en étaient légèrement blessés.

Cette chaîne, d'environ 70 mètres de longueur, qui descendait du pied du paratonnerre jusqu'à la mer, en suivant d'abord la flèche de cacatois, puis en passant dans de larges anneaux de cuivre le long d'un galhauban de perroquet, n'était autre qu'un câble à trois torons, formé en tout d'une soixantaine de fils de laiton ; chacun pouvait avoir d'un demi à deux tiers de millimètre d'épaisseur.

La foudre en avait fait des milliers de morceaux plus petits que des épingles ; cependant, au milieu de ces amas de fragments épars, on trouvait encore, çà et là, quelques bouts du câble lui-même ; ceux-ci avaient tout au plus quelques décimètres de longueur; on voyait à leur surface ces couleurs violettes que le feu donne au métal, et, en effet, les premiers qu'on a touchés étaient encore brûlants.

Ces deux exemples suffisent pour faire connaître que, dans quelques circonstances, un paratonnerre peut être foudroyé; mais ils font connaître aussi que, même dans ce cas, le paratonnerre n'est pas absolument inutile, puisqu'il reçoit la décharge, puisqu'il la dirige encore et, par là, détourne les coups qui, en tombant à côté de lui, auraient fait beaucoup plus de mal.

En définitive, *le Jupiter* n'a eu aucune avarie, tandis que, non loin de lui, d'après la même relation, un vaisseau turc, qui avait aussi un paratonnerre, mais dont la chaîne n'était pas à l'eau, ayant reçu pareillement un coup de foudre pendant le même orage, a eu dans son flanc, un peu au-dessus du cuivre et près de la flottaison, un trou de plus de 30 centimètres de profondeur, et tel à peu près qu'aurait pu le faire un boulet de canon.

Cependant un paratonnerre, au lieu d'inspirer la confiance, ferait naître des craintes trop légitimes si, lorsqu'il est bien établi et en bon état, il y avait la moindre probabilité qu'il pût être ainsi frappé, rompu en pièces brûlantes, et lancé au loin comme une mitraille ou comme une pluie de feu.

La question est donc de savoir si de tels accidents sont inévitables, s'ils tiennent essentiellement à la nature des choses, ou s'ils dépendent seulement de quelques vices de construction particuliers aux appareils dont un seul éclat de tonnerre fait tant de débris.

Or les faits que nous venons de rapporter, et tous les autres faits plus ou moins analogues que l'on pourrait trouver dans l'histoire de la foudre et de ses phénomènes, si souvent extraordinaires, ne laissent aucun doute sur ce point : tous les paratonnerres qu'elle a détruits étaient de mauvais appareils, insuffisants, mal construits, non conformes aux principes que la théorie a pu déduire de l'expérience. Ce n'est pas que le paratonnerre soit fait pour n'être jamais foudroyé ; au contraire, il est fait pour l'être souvent, mais pour l'être à sa manière, et pour résister toujours, même aux coups les plus violents.

Examinons, en effet, les appareils du *New-York* et du *Jupiter*.

Le paratonnerre du *New-York* avait plusieurs vices de construction : sa tige était trop mince et trop effilée ; son conducteur était d'une section beaucoup trop petite ; de plus, la forme de chaîne n'est jamais admissible ; elle doit être exclue très-sévèrement de tout emploi de cette nature. En voici les raisons : les anneaux ne se touchent qu'imparfaitement, à cause des altérations du métal et des souillures diverses qui s'y attachent ; et, en admettant même que les surfaces des points de contact soient bien nettes et métalliques, il arrive toujours qu'elles sont trop étroites, et qu'une faible décharge, resserrée sur ces points, suffit pour y mettre le fer en fusion et en combustion.

La nature de ces défauts indique la nature du remède ; seulement on pourrait craindre qu'il ne fallût porter la section des tiges et celle des conducteurs à de telles dimensions, que l'établissement d'un bon paratonnerre ne fût une chose très-difficile et à peu près impraticable dans un grand nombre de cas. Ces craintes sembleraient même justifiées par la première décharge électrique qui tomba sur *le New-York,* puisqu'elle fut capable d'y fondre un tuyau de plomb qui avait une section métallique de près de 30 centimètres carrés. Mais ce fait ne prouve rien autre chose que ce qui était déjà prouvé par les expériences des laboratoires, savoir : que le plomb est le plus mauvais métal que l'on puisse employer comme conducteur de paratonnerre, parce qu'il est trop fusible et trop mauvais conducteur de l'électricité. Ces mêmes expériences indiquent qu'il faut, au contraire, choisir le fer et le cuivre rouge : alors on arrive à des dimensions éminemment praticables et à des prix de revient qui n'ont rien d'exorbitant. Il n'y a pas d'exemple qui montre que la foudre ait jamais été capable de mettre en fusion des tringles de fer de 2 centimètres de diamètre ou de 3 centimètres carrés de section; et, bien que le cuivre rouge soit beaucoup plus fusible que le fer, il peut être employé en dimensions encore plus réduites, parce qu'il est, avec l'or, l'argent et le palladium, parmi les meilleurs conducteurs des fluides électriques.

Le paratonnerre du *Jupiter*, quoique mieux établi que le précédent, avait aussi un vice radical de construction. Nous ne dirons rien de la tige, faute de détails suffisants sur les modifications que la décharge a pu y produire : on se borne à dire qu'elle a été tordue; nous ne parlerons que du câble de fil de laiton qui formait le conducteur. Nous avons dit quels phénomènes singuliers de brisement et de projection il a présentés; on peut se rendre compte de ces effets de la manière suivante : on peut croire d'abord qu'il avait simplement une section trop petite, et qu'il a été dispersé par cette cause à peu près comme la chaîne du *New-York*; car il a été bien démontré par Van Marum, en 1787, que le laiton jouit particulièrement de la propriété d'être brisé en mille pièces par une décharge électrique. Cependant les nombreux fragments du câble qui nous sont parvenus, et que nous avons pu examiner sous tous les aspects, ne portent que quelques traces de fusion ; de plus, il arrive qu'aucune de ces traces ne s'étend à l'épaisseur entière du câble : toutes sont limitées à un groupe de quelques-uns des soixante fils qui le constituent. Cette circonstance nous semble démontrer que la décharge ne s'est pas propagée également par tous les fils ; que ceux qu'elle a suivis, étant insuffisants pour la transmettre, ont dû être, les uns fondus, les autres brisés ou volatilisés avec cette vive explosion qui accompagne toujours les volatilisations électriques. De là cette rupture du câble et cette projection en fragments de quelques décimètres de longueur qui, brûlants à la main, n'étaient pas cependant chauffés au point d'enflammer le bois et les autres corps combustibles.

Cette explication, toutefois, soulève une question singulière, la question de savoir si, dans un câble de fils pareils, commis et tordus ensemble, la foudre peut en effet choisir quelques fils de préférence au reste, surtout quand leur entière réunion est à peine suffisante pour lui donner un libre passage.

Nous n'hésitons pas à répondre affirmativement, du moins sous certaines conditions. Sans doute, si aux deux extrémités du câble, sur une longueur d'environ 1 décimètre, les fils, d'abord étamés séparément, étaient ensuite soudés ensemble pour former en quelque sorte un cylindre métallique, jamais il n'arriverait que l'électricité naturelle ou artificielle, ayant à circuler dans la longueur entière du câble, montrât quelque préférence pour l'un ou pour l'autre de ces fils pareils : devenus solidaires, ils subiraient la même loi, ils résisteraient ensemble, ils seraient fondus, volatilisés ensemble. Mais si cette condition n'est pas remplie, si aux deux extrémités, ou plus généralement aux deux points de jonction avec les autres conducteurs, les fils se trouvent isolés entre eux par des couches de poussière ou d'oxyde ; si, de plus, le câble ne touche ces conducteurs que par ses fils superficiels, alors les choses se passent tout autrement : les fils ne sont plus ni égaux ni solidaires, l'électricité choisit ou plutôt elle prend ceux qui sont en contact avec les conducteurs, et que la torsion du câble amène tantôt à la surface, tantôt au centre du faisceau ; ces fils, réduits en petit nombre, deviennent incapables de supporter l'effort, et le câble entier, brisé par l'explosion, présente infailliblement tous les phénomènes qui se sont produits à bord du *Jupiter*, et qui ont été si bien décrits par le commandant, M. Lugeol.

Ces imperfections graves que nous venons de signaler dans deux paratonnerres foudroyés, bien qu'elles soient différentes à quelques égards, remontent cependant à la même origine et dépendent de la même cause : *l'insuffisance de section*.

Dans le premier, cette insuffisance est apparente et en quelque sorte constitutive : un fil de fer de 6 millimètres d'épaisseur ne présente qu'une section neuf ou dix fois trop petite ; dans le second, cette insuffisance est plutôt cachée et accidentelle, parce qu'elle résulte de jonctions mal faites. C'est sur ce dernier point que nous devons surtout appeler l'attention.

Les deux règles les plus fondamentales de la construction du paratonnerre et de ses conducteurs sont :

1° Qu'ils aient partout une section suffisante ; 2° qu'ils soient continus et sans lacune depuis la pointe de la tige jusqu'au réservoir commun. Mais il faut bien expliquer ce que doit être cette continuité, car on peut, à la rigueur, l'entendre de deux manières : on peut admettre que deux pièces de métal qui se touchent forment un ensemble assez continu pour l'électricité ; on peut admettre, au contraire, que le plus souvent ce simple contact est l'équivalent d'une lacune, à cause de l'oxydation qui se produit avec le temps et des corps étrangers qui se déposent entre les surfaces.

L'Instruction de 1823, sans avoir adopté la première opinion, nous paraît n'avoir pas assez recommandé la seconde, qui, à notre avis, doit être exclusivement mise en pratique dans tout ce qui appartient aux paratonnerres.

Nous ne nierons pas, sans doute, qu'en multipliant les précautions et les soins on ne puisse parvenir à joindre et à boulonner deux pièces de fer ou de cuivre assez étroitement pour qu'elles offrent au fluide électrique un assemblage véritablement continu; mais, quand les joints doivent se multiplier, nous craignons quelques négligences des ouvriers, et par-dessus tout nous craignons les altérations chimiques des surfaces, les dépôts des diverses matières étrangères, enfin les dislocations mécaniques qui se produisent aussi avec le temps et par des secousses répétées. En conséquence, nous regardons comme indispensables les trois règles pratiques suivantes:

Première règle. — Réduire autant que possible le nombre des joints sur la longueur entière du paratonnerre, depuis la pointe jusqu'au réservoir commun.

Deuxième règle. — Faire au moyen de la soudure à l'étain tous ceux de ces joints qu'il est nécessaire de faire sur place, soit à cause de la forme, soit à cause de la longueur des pièces.

Ces soudures à l'étain, qui devront toujours se faire sur des surfaces ayant au moins 10 centimètres carrés, seront en outre consolidées par des vis, des boulons ou des manchons.

Ces précautions nous semblent commandées par la prudence, surtout pour les édifices où il entre beaucoup de métal, pour ceux qui sont placés sur un vaste sol bon conducteur, enfin pour les bâtiments de mer, parce que ce sont là, comme nous l'avons dit, les conditions qui donnent, pour un même nuage orageux, les flux électriques les plus considérables.

Troisième règle. — Une troisième règle, à laquelle nous attachons aussi de l'importance, est de ne pas amincir autant qu'on le fait, en général, le sommet de la tige du paratonnerre.

A notre avis, l'extrémité supérieure du fer ne doit pas avoir moins de 3 centimètres carrés de section, par conséquent 2 centimètres de diamètre ; on y fera à la lime et dans l'axe un cylindre ayant 1 centimètre de diamètre et 1 centimètre de hauteur, qui sera ensuite taraudé ; sur cette vis saillante on adaptera un cône de platine de 2 centimètres de diamètre à la base et d'une hauteur double, c'est-à-dire de 4 centimètres, l'angle d'ouverture à la pointe aiguë étant ainsi de 28 à 30 degrés ; ce cône de platine, d'abord plein, sera creusé et taraudé pour faire écrou sur la vis, ensuite il sera soigneusement soudé au fer, à la soudure forte, pour composer avec lui un tout continu et sans vides.

Indiquons les raisons de ce changement.

Quelque grand que soit un nuage orageux, quelque considérable que puisse être son intensité électrique, il est certain que, s'il était assez loin du paratonnerre et que, s'il s'en approchait assez lentement, il n'y aurait aucune explosion de la foudre : le paratonnerre exercerait d'une manière efficace son *action préventive ;* sans neutraliser complétement la puissance électrique du nuage, il la réduirait dans une énorme proportion ; et, dans ce cas, il ne protégerait pas seulement un cercle restreint autour de lui, il aurait de plus protégé par anticipation, dans une certaine mesure, tous les objets au-dessus desquels ce nuage doit passer dans sa course ultérieure. C'est pour augmenter encore cette action préventive si remarquable que nous donnons au paratonnerre, dans toute sa longueur, cette continuité métallique absolue qui la favorise à un haut degré. La pointe aiguë, d'un angle de 30 degrés, que nous substituons à la pointe aiguë et beaucoup plus effilée dont on se sert généralement, n'empêche pas cette action, bien qu'elle soit moins propre à la favoriser quand les distances sont petites et les intensités faibles; mais elle a une incontestable supériorité par la résistance incomparablement plus grande qu'elle oppose à la fusion, résistance que nous jugeons nécessaire.

En effet, il faut bien se poser cette question : Un bon paratonnerre peut-il être foudroyé, à la manière d'un mauvais paratonnerre, à la manière des autres objets terrestres, c'est-à-dire par un éclair, par une explosion soudaine ? Or à cette question nous ne trouvons dans les faits jusqu'à présent connus rien qui nous autorise à faire une réponse négative absolue. Nous dirons seulement que ce phénomène, s'il se produit, ne peut se produire que sous la condition qu'une force électrique considérable se développe subitement dans le voisinage du paratonnerre. C'est là tout ce que nous pouvons déduire des lois encore imparfaitement connues de l'électricité atmosphérique ; et il n'est pas impossible que cette condition se trouve quelquefois remplie, soit par les actions multiples et diverses qui s'exercent entre des nuages différents, soit par des condensations rapides, analogues à celles qui donnent tout à coup des masses d'eau ou de grêle, soit enfin par d'autres causes dont notre ignorance actuelle ne nous permet pas d'apercevoir l'origine.

Ce phénomène, nous n'en doutons pas, sera très-rare et, si l'on veut, tout à fait exceptionnel; mais il suffit qu'il ne soit pas impossible pour que nous en tirions cette conséquence pratique : qu'il est indispensable de constituer le paratonnerre, non-seulement pour qu'il ne soit pas détruit par la foudre, mais encore pour qu'il n'en puisse éprouver aucun dommage capable d'affaiblir sa puissance protectrice.

La pointe mince et effilée ne remplit pas cette condition; car il ne faut pas un coup de foudre bien vif pour qu'elle soit émoussée, ou même pour que la tige qui la porte soit ramollie à un tel point, que, par son poids, elle se courbe en forme de crosse, et s'il arrive que le coup soit violent, la pointe et une longueur plus ou moins considérable de la tige tombent en globules enflammés. Après de tels accidents, si le conducteur lui-même n'a reçu aucune atteinte, il est vrai que le paratonnerre n'est pas précisément hors de service, mais il est certain aussi qu'il a perdu tout l'avantage que l'on avait recherché en lui donnant une pointe à angle très-aigu. Un appareil ainsi dégradé reste encore très-propre à recevoir d'autres coups de foudre et à protéger autour de lui dans un certain rayon, mais il est devenu impropre à exercer aucune action préventive, puisque le sommet de la tige n'est plus qu'une masse informe recouverte d'une couche épaisse d'oxyde. Dans ses deux états il représente les deux opinions extrêmes qui, à diverses époques, ont été émises sur les paratonnerres; avant le coup de foudre, il représente l'opinion de ceux qui demandent exclusivement au paratonnerre une action préventive; après le coup de foudre, il représente l'opinion de ceux qui, ne comptant pour rien l'action préventive, demandent seulement que le paratonnerre puisse être foudroyé sans dommage. Nous ne prétendons pas donner satisfaction à tout le monde, mais nous avons la ferme confiance qu'il est possible de constituer un paratonnerre qui résiste parfaitement aux plus violents coups de foudre et qui possède, après comme avant, une action préventive très-efficace. Tel est le but des trois règles pratiques que nous venons de donner.

Pour le surplus, nous renvoyons à l'Instruction de 1823, car il n'est venu à notre connaissance aucun fait qui conduise à modifier les règles générales qu'elle propose :

1° Pour la section des conducteurs, qu'elle fixe à 2cq,25, c'est-à-dire à 15 millimètres de côté pour le fer carré et 17 millimètres de diamètre pour le fer rond ;

2° Pour la manière d'établir les conducteurs sur les couvertures des divers édifices ;

3° Pour la manière de les mettre en communication avec le réservoir commun.

Après avoir examiné tout ce qui appartient à la construction et à la pose du paratonnerre, le sujet qui nous occupe n'est pas épuisé ; il reste encore une question importante et difficile à résoudre : c'est la question de savoir à quel point il faut multiplier les paratonnerres, ou, en d'autres termes, quel est le *cercle de protection* qu'il est permis d'attribuer à un paratonnerre bien établi.

Quelques anciennes observations paraissent avoir constaté des coups de foudre sur des parties de bâtiments qui se trouvaient à une distance de la tige égale à trois ou quatre fois sa hauteur au-dessus de leur niveau. En conséquence, à la fin du siècle dernier, c'était une opinion généralement reçue que le cercle de protection du paratonnerre n'avait pour rayon que deux fois la hauteur de la tige. L'Instruction de 1823, ayant trouvé cette pratique établie, a cru devoir l'adopter ; cependant elle y apporte quelques restrictions : par exemple, en ce qui regarde les paratonnerres des clochers, elle admet, s'ils s'élèvent de 30 mètres au-dessus du comble des églises, que, pour ces combles, le rayon du cercle de protection se réduit à 30 mètres au lieu de 60.

Il importe de rappeler que ces règles, bien qu'elles soient

appliquées depuis longtemps, reposent sur des bases où il entre beaucoup d'arbitraire; et, si nous faisons cette remarque, ce n'est pas pour les condamner, mais seulement pour empêcher qu'on ne leur attribue une valeur qu'elles sont loin d'avoir. Ne suffirait-il pas, en effet, que, d'époque en époque, elles fussent ainsi admises traditionnellement et de confiance pour que l'on se crût dispensé de les soumettre à quelque contrôle, pour que l'on négligeât de faire sur ce point des observations qui pourraient se présenter et qui fourniraient à la science des documents qui lui manquent presque complétement?

Ce n'est qu'avec ces réserves, et faute de données assez nombreuses et assez certaines, que nous admettons ces règles reçues sur la grandeur du cercle qu'un paratonnerre protége autour de lui. Nous ajouterons de plus, pour ceux qui pourront observer des faits qui s'y rapportent, qu'elles ne peuvent pas être générales ni absolues; qu'elles dépendent d'une foule de circonstances, et particulièrement des matériaux qui entrent dans les constructions. Nous croyons, par exemple, que le rayon du cercle de protection ne peut pas être aussi grand pour un édifice dont les couvertures ou les combles sont en métal que pour un édifice qui n'aurait, dans ses parties supérieures, que du bois, de la tuile ou de l'ardoise. En effet, dans ce dernier cas, la portion active du nuage orageux, quoique notablement plus éloignée du paratonnerre que de la couverture, exerce cependant sur le paratonnerre une action plus vive; tandis que, dans le premier cas, ces deux actions doivent être à peu près égales pour une distance égale.

En terminant ici le développement de ces principes généraux, nous profiterons de l'occasion qui nous est offerte pour appeler de nouveau l'attention sur tout ce qui se rattache aux effets de la foudre et sur la nécessité de les bien observer. Chaque fois que le tonnerre tombe, près ou loin des habitations, dans les plaines ou sur les montagnes, il est presque certain qu'il y a des observations importantes à faire sur les phénomènes qui se manifestent. On connaît, il est vrai, un grand nombre, malheureusement un trop grand nombre, d'exemples de personnes tuées ou de maisons incendiées; on connaît aussi des exemples très-divers de métaux fondus, de charpentes brisées, de pierres ou même de murailles transportées au loin, enfin beaucoup d'autres effets analogues; mais ce qui manque en général, ce sont des mesures précises relatives aux distances, aux dimensions, aux positions des objets, soit des objets atteints, soit de ceux qui ne le sont pas : car il faut connaître aussi bien ce que le tonnerre épargne que ce qu'il frappe. C'est à tous les observateurs, et particulièrement aux officiers de la marine, de l'artillerie et du génie, aux professeurs, aux ingénieurs, aux architectes, qu'il appartient de bien constater ces phénomènes au moment même où ils se produisent, et de les bien décrire, au profit de la science comme au profit de l'économie publique. De telles descriptions, quand elles se rapportent à un coup de foudre, doivent, autant que possible, indiquer les traces de la foudre à son point le plus haut et à son point le plus bas; ensuite, par des sections horizontales bien repérées et assez multipliées, faire connaître les positions relatives de tous les objets dans un cercle assez étendu autour de ceux qui portent la marque de son passage.

L'Académie des Sciences recevra toujours des travaux de cette espèce avec un véritable intérêt.

Note spéciale pour les bâtiments de mer.

Le cuivre rouge a une grande supériorité sur le fer et le laiton, dont on fait usage trop souvent pour composer le câble qui forme le conducteur du paratonnerre; il est moins altérable sous l'influence des agents atmosphériques, et surtout il peut être employé avec une section trois fois plus petite. Nous conseillons donc exclusivement les câbles de cuivre rouge; ils devront avoir 1 centimètre carré de section métallique : ainsi leur poids sera d'environ 900 grammes par mètre courant ou 90 kilogrammes les 100 mètres; les fils auront de 1 millimètre à $1^{mm},5$ de diamètre; ils pourront être cordés à trois torons, comme à l'ordinaire.

Le paratonnerre peut n'avoir que quelques décimètres de longueur, y compris sa pointe, composée comme nous l'avons dit. Sa jonction avec le câble sera faite dans l'atelier, à la soudure à l'étain; pour cela on pourra, par exemple, ménager dans la tige un trou convenable, y passer le câble et ramener le bout de 3 à 4 décimètres de longueur pour le corder et l'arrêter avec le reste; ensuite le trou sera rempli d'une soudure qui imprègne tous les fils et qui forme aux points d'entrée et de sortie du câble une sorte de large hémisphère.

Avec cette disposition, la tige du paratonnerre ne peut plus se visser elle-même au sommet de la flèche qui la reçoit : il faudra donc lui donner une forme qui permette de la boulonner solidement avec son support.

A son extrémité inférieure le câble sera ajusté d'une manière analogue dans une pièce de cuivre de forme convenable, et il faudra nécessairement que cette pièce de cuivre soit mise elle-même en permanente communication avec le doublage du navire.

La précaution dont on use quelquefois d'isoler la chaîne du porte-hauban est inutile, et l'habitude de jeter la chaîne à la mer au moment de l'orage est dangereuse : 1° en ce qu'il est possible que l'on oublie de le faire; 2° en ce que souvent il ne suffit pas que la chaîne communique à l'eau de la mer par 2 ou 3 décimètres carrés de surface.

Note spéciale pour le Palais de l'Exposition.

Les constructions du Palais de l'Exposition couvrent un rectangle de 100 mètres de largeur sur 250 mètres de longueur, sans compter les pavillons qui se trouvent en dehors et sur les quatre faces. La galerie centrale a 25 mètres de largeur, et la galerie rectangulaire qui lui est contiguë, et qui l'enveloppe de toutes parts, seulement 28 mètres. Les fermes de cette grande charpente de fer sont à 8 mètres l'une de l'autre; elles sont reliées entre elles par des pannes en forme de cornières, par des moises et des entretoises, et ce vaste ensemble est supporté par plusieurs centaines de colonnes de fonte, indépendamment du mur extérieur.

Le système de construction ne permet pas que les paratonnerres aient plus de 6 à 7 mètres de hauteur, et qu'ils soient posés ailleurs que sur les sommets des fermes. En conséquence, on les établira de trois en trois fermes, c'est-à-dire à 24 mètres l'un de l'autre. Ainsi la galerie rectangulaire aura trente paratonnerres, la galerie centrale neuf ou dix; quant aux pavillons, ils en recevront plus ou moins, suivant leur étendue et leur position.

Un grand conducteur commun sera établi dans toute la longueur du chaîneau qui fait le tour de la galerie centrale, ayant ainsi 500 mètres de développement; il sera formé avec du fer portant 8 à 9 centimètres carrés de section, et métalliquement continu. Chaque paratonnerre sera muni d'un conducteur particulier qui viendra se souder au conducteur commun. Enfin le conducteur commun lui-même sera mis en communication avec le sol au moyen de quatre puits, au moins, qui seront creusés vers les quatre angles du rectangle ou vers les milieux des côtés, et qui devront être assez profonds pour avoir toujours 1 mètre d'eau. Il importe que ces puits soient éloignés les uns des autres; il importe pareillement que les conducteurs qui viennent y perdre la foudre se trouvent en contact avec le liquide par de grandes surfaces, soit qu'on les y ramifie de diverses manières, soit que l'on y soude des feuilles larges et épaisses de tôle étamée, de zinc ou de cuivre.

Les paratonnerres des pavillons seront de même reliés au conducteur commun, ou au plus voisin de ses embranchements qui se dirigent vers les puits.

On doit remarquer qu'il se trouve environ 40 mètres de distance entre les pieds des paratonnerres correspondants de la galerie centrale et de la galerie rectangulaire, tandis que, d'après les règles reçues par rapport au cercle de protection, les paratonnerres de 7 mètres ne comporteraient qu'une distance de 28 mètres. Mais ces conditions sont imposées par la nature de la construction, qui ne permet, comme nous l'avons dit, de placer des paratonnerres qu'au sommet des fermes; au reste, il nous paraît que cet excès de distance ne peut pas avoir grand péril, puisqu'à partir du pied des paratonnerres la couverture, ayant la forme d'un cylindre horizontal à base circulaire, va en s'abaissant rapidement.

Le Rapport est mis aux voix et adopté.

NOTE SPÉCIALE

POUR LES

NOUVELLES CONSTRUCTIONS DU LOUVRE,

COMMISSION COMPOSÉE DE

MM. BECQUEREL, BABINET, DUHAMEL, DESPRETZ, CAGNIARD DE LATOUR, REGNAULT, DE SENARMONT, POUILLET rapporteur (1).

M. le Ministre de l'Instruction publique et des Cultes a écrit à l'Académie pour lui demander des Instructions relativement aux paratonnerres qui doivent protéger contre la foudre les nouvelles constructions du Louvre; la Commission chargée de faire un Rapport à ce sujet vient présenter son travail à l'approbation de l'Académie.

Le Louvre est, en France, le premier monument public sur lequel on ait élevé des paratonnerres. un Membre de l'ancienne Académie des Sciences, Le Roy, avait depuis longtemps sollicité cette mesure, qui fut enfin adoptée en 1782.

(1) Extrait des *Comptes rendus des séances de l'Académie des Sciences*, tome XL, page 405, séance du 19 février 1855. — *Voir* aussi t. XXXIX, p. 1142, séance du 18 décembre 1854.

Dans le cours des années suivantes, le Gouvernement se décidait à tenter de plus larges essais : en 1783, le Ministre de la Guerre consultait l'Académie des Sciences sur les moyens de garantir les magasins à poudre de Marseille, et la Commission chargée de rédiger cette première Instruction fut composée de Franklin, de Laplace, Coulomb, Le Roy et l'abbé Rochon; en 1784, le Ministre de la Marine donnait au même académicien Le Roy une mission dans les ports de l'Océan, Brest, Lorient et Rochefort, pour qu'il y fît élever des paratonnerres tant sur les principaux établissements de la marine que sur les vaisseaux et les frégates qui se trouveraient en rade. Tels furent les débuts, un peu tardifs, de l'Administration dans cette voie nouvelle, où elle avait été devancée par la plupart des États de l'Europe. Ce fait est d'autant plus remarquable, que trente ans auparavant, en 1752, la France avait précédé toutes les autres nations, même celles de l'Amérique, dans les expériences par lesquelles fut démontrée de la manière la plus décisive et la plus éclatante la vérité des conjectures de Franklin sur la nature de la foudre.

Cependant, comme nous venons de le dire, les paratonnerres du Louvre furent le premier signe auquel on put reconnaître que l'autorité supérieure prenait confiance dans la découverte; leur installation, dirigée par Le Roy, se trouvait à tous égards conforme à celle que recommandait, l'année suivante, la Commission académique dont Franklin faisait partie. C'est ainsi que les palais du Louvre et des Tuileries et ensuite leurs annexes ont été successivement protégés contre la foudre, sans qu'il fût nécessaire d'apporter au type primitif de 1782 aucune modification considérable.

Les nouvelles constructions du Louvre, qui se poursuivent

si rapidement et qui sont destinées à compléter dans un vaste ensemble la réunion des trois palais, se composent de deux parties : l'une à droite, l'autre à gauche pour un observateur allant du Louvre vers le grand axe de l'Arc de Triomphe, des Tuileries et de l'Étoile. Ces deux parties restent séparées entre elles par un espace de 130 mètres, presque égal à la largeur de la cour du Louvre, car elles sont presque les prolongements extérieurs des deux côtés perpendiculaires à la colonnade, prolongements qui atteignent une longueur de 220 mètres et qui se font face l'un à l'autre ; à leur extrémité, ils se replient à peu près à angle droit pour venir se rattacher, l'un à la galerie de Rivoli continuée, l'autre à la galerie achevée du bord de l'eau. Ces retours forment ainsi deux nouvelles façades, de 65 mètres chacune, opposées aux Tuileries : la première, vis-à-vis de l'angle du pavillon de Marsan, à la distance de 242 mètres ; la deuxième, vis-à-vis de l'angle du pavillon de Flore, à la distance de 266 mètres. La grande ligne de gauche dont nous venons de parler prend naissance au vieux Louvre : ainsi, à son point de départ même et par cet antique monument, elle se trouve rattachée à la galerie du bord de l'eau ; de plus, elle s'y trouve rattachée encore par deux autres galeries transversales : l'une très-voisine du vieux Louvre ; l'autre coupant à peu près en deux parties égales l'intervalle qui reste jusqu'au revers de la nouvelle façade opposée au pavillon de Flore. La grande ligne de droite de 220 mètres est reliée d'une manière analogue à la continuation de la galerie de Rivoli.

Pour se faire une juste idée de l'étendue de ces constructions nouvelles, on peut concevoir que les diverses parties qui les constituent soient détachées avec leurs longueurs individuelles, puis après transportées bout à bout à la suite l'une de l'autre.

Alors on trouve qu'elles formeraient une longueur de 920 à 930 mètres; ce n'est pas tout à fait 1 kilomètre, ce qui serait juste trois fois la longueur totale du palais des Tuileries.

Tel est l'ensemble qu'il s'agit de protéger contre la foudre.

Un élément nouveau, qui devait surtout appeler notre attention, est l'emploi presque exclusif du fer, soit pour les charpentes supérieures, soit pour les poutres et les solives de tous les planchers; car les couvertures sont analogues aux anciennes, seulement le zinc y remplace le plomb dans les faîtages et les chéneaux.

Après avoir pris connaissance de l'état des choses, la Commission adopte, d'une manière générale, les anciennes dispositions des paratonnerres du Louvre et des Tuileries, pour ce qui est de la hauteur des tiges, de leur espacement et de la section des conducteurs; mais, pour ce qui se rapporte à la forme des pointes et à la continuité métallique des conducteurs, la Commission confirme les prescriptions qui se trouvent indiquées dans le Supplément approuvé par l'Académie dans sa séance du 18 décembre dernier.

Quant à la communication des conducteurs avec le réservoir commun, nous la recommandons de nouveau, avec tous nos prédécesseurs, comme une condition absolue qu'il faut remplir à tout prix; nous ajouterons même sur ce point deux observations qui nous semblent nécessaires.

Premièrement, dans les plus anciennes Instructions sur les paratonnerres, il est dit que les conducteurs doivent communiquer avec les eaux d'une rivière, d'un étang, d'un puits ou du moins avec la terre humide. Cette règle, très-exacte en elle-même, devient souvent fausse dans les applications que l'on en fait. Quelquefois on s'imagine que le *feu du ciel* s'éteint avec de l'eau de la même manière que le feu d'un incendie, et, si l'eau est rare, on se tire d'affaire en l'enfermant dans une citerne bien étanche pour y plonger les conducteurs, croyant ainsi avoir largement satisfait aux règles de la science. C'est là une erreur des plus dangereuses : le conducteur doit communiquer avec le réservoir commun, c'est-à-dire avec de vastes nappes d'eau, ayant une étendue beaucoup plus grande que celle des nuages orageux ; l'eau deviendrait elle-même foudroyante, si elle n'avait pas une étendue suffisante. D'autres fois, dans les localités où les puits sont possibles, mais coûteux, on profite de l'alternative laissée par les Instructions : au lieu de faire un puits, on met les conducteurs en communication avec la terre humide, mais l'on ne s'inquiète pas de savoir si cette terre conserve une humidité suffisante aux temps des grandes sécheresses, quand les orages sont le plus à craindre ; on ne s'inquiète pas non plus de savoir si cette couche humide est assez vaste pour ne laisser place à aucun danger. Nous signalons surtout cette seconde erreur, parce qu'elle nous paraît encore plus commune que la première. Considérant d'ailleurs qu'il est fort difficile de reconnaître si une terre humide satisfait à toutes les conditions de sécurité, nous n'hésitons pas à dire qu'il ne faut jamais recourir à ce mode de communication avec le réservoir commun ; nous recommandons, à défaut de rivières ou de vastes étangs, de mettre toujours les conducteurs des paratonnerres en communication par de larges surfaces avec des nappes d'eau souterraines intarissables. Ce mode exclusif présente aujourd'hui d'autant moins d'inconvénients que les pratiques du sondage sont devenues faciles et peu dispendieuses.

Secondement, dans certaines circonstances, et surtout quand les nappes d'eau sont à une profondeur un peu considérable au-dessous du sol, nous regardons comme nécessaire d'employer un *conducteur à deux branches* : la *branche principale*, qui descend à la nappe souterraine, et la *branche secondaire*, qui, en partant de celle-ci rez terre, est mise en communication avec la surface du sol elle-même. Voici les motifs de cette disposition. Après les grandes sécheresses, les nuages orageux n'exercent leur influence que très-faiblement sur un sol sec et mauvais conducteur, toute l'énergie de leur action se fait sentir à la nappe d'eau profonde : c'est là que la décomposition électrique s'accomplit, et l'électricité attirée vient en suivant la branche principale du conducteur pour s'écouler par la pointe ; la branche secondaire est sans effet. Au contraire, après une pluie d'été, quand le sol vient d'être mouillé, sa couche superficielle est tout à coup rendue conductrice : alors c'est elle qui reçoit l'action des nuages orageux ; en même temps elle fait l'office d'un écran qui empêche l'influence électrique de se faire sentir à la nappe souterraine. Dans un tel moment, il est indispensable que la surface du sol communique elle-même directement avec le conducteur, car il peut bien arriver qu'elle n'ait pas avec lui des communications indirectes suffisantes au moyen de la nappe souterraine. La branche secondaire remplit cette condition, tandis que cette fois la branche principale devient inactive.

Cette seconde observation est peu applicable au sol de Paris, surtout vers les bords de la Seine, où l'eau des puits est, sans aucun doute, en bonne communication avec celles de la rivière, et, par conséquent, en bonne communication avec les rues quand elles sont mouillées par la pluie.

Nous pensons donc que, pour les nouvelles constructions du Louvre, on pourra procéder de la manière suivante. Dans chacune des cours il sera creusé un puits à une profondeur telle, que dans les plus grandes sécheresses l'eau y conserve 1 mètre de hauteur. Un tuyau de fonte de 12 à 15 centimètres de diamètre intérieur, recevant l'eau par des ouvertures latérales, s'élèvera du fond du puits jusque vers le niveau du sol; là, le conducteur, après avoir été mis, par une traverse de fer, en communication électrique avec les parois du tuyau, descendra dans son intérieur pour aller plonger au fond de l'eau; son ajustement sera tel, qu'il puisse en être retiré de temps à autre et visité; une dalle à fleur du sol couvrira l'ouverture du puits.

S'il arrive que plusieurs conducteurs doivent aboutir au même puits, on les soudera tous à une barre commune, qui seule devra descendre dans l'eau; alors sa section pourra être portée à 10 ou 12 centimètres carrés.

Il nous reste maintenant une dernière question à examiner, c'est la question de savoir quel mode il faut adopter pour mettre en communication les conducteurs des paratonnerres avec les diverses pièces métalliques qui entrent dans la construction de l'édifice. Partout, comme nous l'avons dit, les combles sont de fer, mais l'ordonnance intérieure exige que, d'après leur destination, certaines parties du monument n'aient, à proprement parler, qu'un seul plancher, tandis que d'autres parties comptent plusieurs étages et jusqu'à six planchers superposés. Chaque plancher peut être considéré comme un grand réseau métallique composé de quelques fortes poutres de tôle, qui se croisent avec de nombreuses solives analogues à des rails, lesquelles se croisent à leur tour avec une multitude de tringles de fer plus petites; enfin les mailles de ce réseau sont remplies avec des poteries. En examinant les effets d'un nuage orageux sur les portions du bâtiment où il se trouve, par exemple, six réseaux pareils disposés au-dessus les uns des autres, il est facile de voir que, si la couverture était une grande feuille de métal continue, elle absorberait à elle seule toute l'énergie de l'action électrique du nuage, du moins par rapport aux combles et aux planchers qui sont au-dessous d'elle, formant ainsi, à leur égard, une sorte d'écran protecteur. Dans ce cas il suffirait donc, à la rigueur, que la couverture fût intimement reliée aux paratonnerres. Mais la couverture dont nous nous occupons n'est métallique qu'en très-petite partie; on peut dire qu'avec les combles elle ne compose même qu'un réseau à mailles très-larges, par conséquent un écran insuffisant, au travers duquel le plancher supérieur peut recevoir encore une action considérable.

D'après cela, nous conseillons les dispositions suivantes :

1° Les pièces principales des planchers de tous les étages seront mises en communication avec les conducteurs voisins.

2° Il est très-désirable que toutes les solives des planchers supérieurs soient mises en communication métallique entre elles au moyen d'une tringle boulonnée à chacune et, s'il se peut, soudée à l'étain, laquelle sera elle-même rattachée aux conducteurs.

3° Il nous paraît probable, d'après les modes d'ajustement, qu'en général les fermes du comble sont en bonne communication les unes avec les autres, au moyen des pannes qui les assemblent, et surtout de la panne faîtière; qu'en conséquence il suffira que les tiges de tous les paratonnerres communiquent avec celle-ci. Cependant s'il arrivait, soit par les changements de niveau des faîtages, soit par d'autres raisons, que les communications dont il s'agit pussent laisser quelques doutes, il faudrait y suppléer par des tiges de fer spéciales.

4° Les chéneaux et les faîtages de zinc seront métalliquement rattachés ou aux tiges ou aux conducteurs des paratonnerres.

Nous remarquerons enfin que celles de ces dispositions qui se rapportent aux chéneaux et aux planchers des divers étages peuvent être exécutées très-facilement, car dans l'épaisseur des murs il a été réservé de grands conduits verticaux destinés à loger les tuyaux de descente des eaux pluviales. Ces conduits sont assez larges pour recevoir en même temps les conducteurs des paratonnerres, qui auront ainsi le double avantage d'être inspectés sans peine et d'être mis en communication à petite distance avec les pièces métalliques de l'intérieur.

Le Rapport est approuvé.

L'Académie décide qu'il sera imprimé à la suite de celui qui a été lu dans la séance du 18 décembre dernier.

RAPPORT

SUR LES POINTES DE PARATONNERRES

PRÉSENTÉES

PAR MM. DELEUIL PÈRE ET FILS.

COMMISSION COMPOSÉE DE

MM. BECQUEREL, BABINET, DUHAMEL, DESPRETZ, CAGNIARD DE LATOUR, REGNAULT, DE SENARMONT, POUILLET rapporteur (1).

La Commission a examiné avec intérêt les pointes des paratonnerres présentées à l'Académie par MM. Deleuil père et fils; elle trouve que le travail en est tel qu'on pouvait l'attendre de ces habiles constructeurs et qu'il ne laisse rien à désirer. L'une de ces pointes est un cône de platine massif exactement conforme aux indications données dans le Rapport du 18 décembre dernier, l'autre est un cône pareil pour la forme, pour les dimensions et pour toute l'apparence extérieure : seulement il est un peu plus économique, parce qu'il

(1) Extrait des *Comptes rendus des séances de l'Académie des Sciences*, tome XL, page 520, séance du 5 mars 1855.

est fait au moyen d'une capsule conique de platine appliquée, à la soudure forte, sur l'extrémité conique de la tige de fer.

La première disposition est représentée en coupe et en perspective dans les *fig.* 33 et 34.

Fig. 33. Fig. 34.

La seconde est représentée aussi en coupe et en perspective, dans les *fig.* 35 et 36.

Ces figures sont de grandeur naturelle; la partie hachée,

dans les coupes, indique le platine, celle qui ne l'est pas indique la partie supérieure du fer de la tige du paratonnerre : celle-ci est supposée ronde et de 2 centimètres de diamètre ; le cône a une hauteur double ou 4 centimètres.

Fig. 35. Fig. 36.

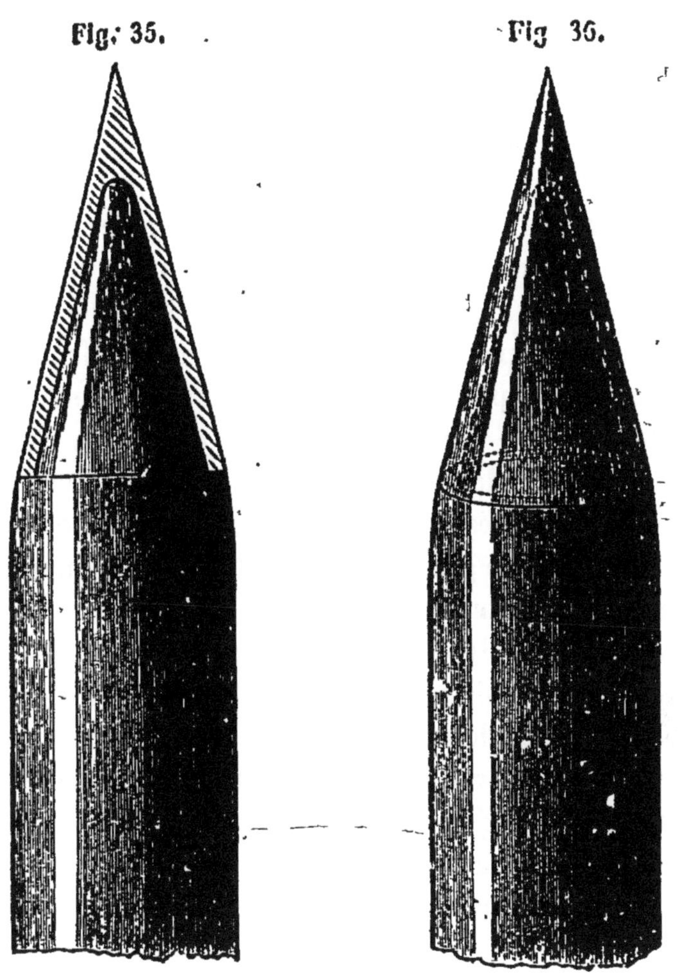

Nous pensons que cette seconde disposition ne doit avoir pour l'usage aucune infériorité sur la première ; mais il faut pour cela qu'elle soit exécutée par un habile ouvrier, qui sache réussir toujours à faire prendre la soudure sur tous les points de la capsule, afin qu'elle soit intimement unie au fer par toute sa surface intérieure.

Nous ajoutons que nous ne verrions aucun inconvénient à substituer au platine le palladium, ainsi que l'or et l'argent au titre de 950, soit en cône massif, soit en capsule conique d'une épaisseur suffisante; et nous ne doutons pas que, dans les ateliers de MM. Deleuil, ces autres pointes ne soient fabriquées avec la même perfection que les pointes de platine qu'ils présentent à l'Académie.

Cependant tous ces métaux sont d'un prix élevé, bien peu d'ouvriers ont l'habitude de les travailler, ou du moins d'apporter à ce travail la précision et les soins délicats qui sont ici la condition indispensable du succès. Ces motifs nous ont ramenés à une proposition qui avait déjà été discutée dans le sein de la première Commission, et qui consiste à faire simplement la pointe des paratonnerres avec du cuivre rouge, comme elle est représentée en coupe et en perspective dans les *fig.* 37 et 38, de grandeur naturelle, sauf la brisure qui en réduit la longueur.

Le cylindre de cuivre rouge a 2 centimètres de diamètre, comme la partie supérieure de la tige de fer du paratonnerre, et il est brasé avec elle pour en faire le prolongement; sa longueur est d'environ 20 centimètres, et il se termine en haut par un cône de 3 à 4 centimètres de hauteur.

Notre conclusion, à l'égard de cette pointe de cuivre rouge, est que rien ne s'oppose à ce qu'elle soit employée presque avec la même confiance que les précédentes; si l'on peut craindre qu'elle n'éprouve quelques altérations superficielles de la part des agents atmosphériques, ces inconvénients possibles sont plus que compensés par les avantages suivants :

1° Le cuivre rouge, tel qu'on le trouve dans le commerce, est, avec le palladium, l'or et l'argent, parmi les meilleurs conducteurs de la chaleur et de l'électricité : la pointe du cône

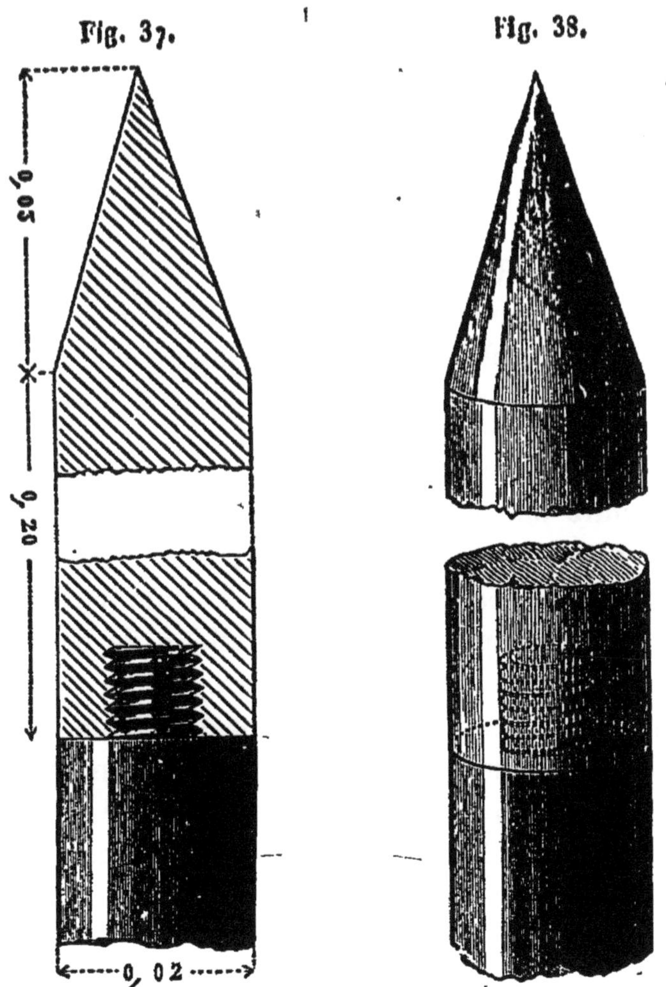

Fig. 37. Fig. 38.

de ce métal s'échauffera donc beaucoup moins que celle du cône de platine sous l'influence des courants électriques et même des coups de foudre ; ainsi, avec la forme que nous lui donnons, il est très-probable qu'elle ne sera ni fondue ni profondément oxydée.

2° Le paratonnerre à pointe de cuivre rouge n'entraîne qu'à une moindre dépense; il devient accessible, non-seulement aux communes, mais à la plupart des propriétaires; il peut être fabriqué partout, car il y a sans doute en France bien peu de villages où l'on ne trouve un ouvrier fort capable de travailler et d'ajuster toutes les pièces d'un paratonnerre établi d'après ce système.

Avant que le Rapport soit mis aux voix, M. Despretz, Membre de la Commission, appelle l'attention sur un point relativement auquel il n'a pu partager l'opinion de ses collègues.

« M. Despretz craint que la couche de carbonate ou de
» toute autre matière peu conductrice dont se couvrira le
» cuivre plus ou moins, selon les localités, n'affaiblisse l'ac-
» tion efficace du paratonnerre. Cette crainte porte M. Des-
» pretz à ne pas approuver la proposition de terminer les
» paratonnerres par une tige en cuivre.

» Il ne pense pas qu'il soit prudent d'abandonner le pla-
» tine. Il désire donc qu'on termine les paratonnerres par un
» cône en platine arrondi à sa partie supérieure, et soudé au
» cuivre ou au fer à la soudure forte. La dépense ne lui pa-
» raît pas devoir dépasser 50 francs pour les édifices ordi-
» naires.

» Il croit encore qu'il y a dans tous les chefs-lieux de dé-
» partement, et dans les ateliers placés sous la direction du
» Ministère de la Guerre ou de la Marine, des hommes tout
» à fait en état de souder le platine à la soudure forte. »

Ces observations entendues, ainsi que les réponses de M. Pouillet et de M. Regnault, le Rapport est mis aux voix et adopté.

L'Académie décide aussi que ce Rapport sera imprimé à la suite des précédents, dans le petit volume intitulé : *Instruction sur les paratonnerres, adoptée par l'Académie des Sciences.*

INSTRUCTION

SUR LES PARATONNERRES

DES MAGASINS A POUDRE.

COMMISSION COMPOSÉE DE

MM. Becquerel, Babinet, Duhamel, Fizeau, Edm. Becquerel, Regnault, le Maréchal Vaillant, Pouillet rapporteur (1).

M. le Maréchal Ministre de la Guerre, par une lettre du 27 octobre 1866, a demandé à l'Académie de lui adresser le plus promptement possible une Instruction pour l'établissement des paratonnerres sur les magasins à poudre, craignant, avec une juste sollicitude, que dans leur état présent quelques-uns de ces magasins ne soient pas aussi complétement garantis qu'ils devraient l'être.

La Commission des paratonnerres, composée de MM. Becquerel, Babinet, Duhamel, Fizeau, Edm. Becquerel, Regnault,

(1) Rapport lu à l'Académie des Sciences dans la séance du 14 janvier 1867, et approuvé par l'Académie.

le Maréchal Vaillant, Pouillet rapporteur, s'empresse de présenter à l'approbation de l'Académie l'Instruction suivante.

Pour la préparer, la Commission a pu consulter de très-nombreux documents qui lui avaient été confiés par le Ministre de la Guerre, et particulièrement les pièces imprimées dont nous rappelons ici les titres, parce qu'elles composent en quelque sorte l'historique des paratonnerres destinés à protéger les magasins à poudre :

1° Rapport fait à l'Académie des Sciences, 24 avril 1784. — Commission : Franklin, Le Roy, Coulomb, de Laplace, abbé Rochon.

2° Rapport fait à l'Institut, 6 nivôse an VIII (27 décembre 1799). — Commission : de Laplace, Coulomb et Le Roy rapporteur.

3° Instruction sur les paratonnerres des magasins à poudre, par le Comité des Fortifications, 25 août 1807. — Le général, président, Andréossy ; le lieutenant-colonel du génie, secrétaire, Alex. Allent ; le premier inspecteur général du génie, Marescot.

4° Rapport fait à l'Institut, 2 novembre 1807. — Commission ; de Laplace, Rochon, Charles, Montgolfier et Gay-Lussac rapporteur.

5° Instruction sur les paratonnerres, adoptée par l'Académie des Sciences, 23 juin 1823. — Commission : Poisson, Lefèvre-Gineau, Girard, Dulong, Fresnel et Gay-Lussac rapporteur.

La Commission a pu consulter aussi des documents recueillis tout récemment par l'un de ses Membres, M. le Maréchal Vaillant, et qui se rapportent surtout aux magasins à poudre pour lesquels la nappe souterraine ne se trouve pas immédiatement dans le voisinage.

§ I. — *Propositions générales.*

1. Les nuages orageux qui portent la foudre ne sont autre chose que des nuages ordinaires chargés d'une grande quantité d'électricité.

L'éclair qui sillonne le ciel est une immense étincelle électrique dont les deux points de départ sont sur deux nuages éloignés et chargés d'électricités contraires.

Le tonnerre est le bruit de l'étincelle.

La foudre est l'étincelle elle-même ; c'est la recomposition des électricités contraires.

Quand l'un des points de départ de l'éclair est à la surface du sol, on dit que le tonnerre tombe, ou plutôt que la foudre tombe, et que les objets terrestres sont foudroyés. Alors tous les points du sillon de l'éclair sont encore la recomposition ou la neutralisation des deux électricités contraires, dont l'une est fournie par le nuage, et l'autre par la terre elle-même.

Comment la terre, qui est en général à l'état naturel et sans électricité apparente, se trouve-t-elle ainsi chargée d'électricité et d'une électricité contraire à celle du nuage au moment même ou elle est foudroyée ?

Telle est la première question que nous avons à examiner.

2. Avant que la foudre éclate, le nuage orageux qui la porte, bien qu'il soit à plusieurs kilomètres de hauteur, agit par influence pour repousser au loin l'électricité de même nom et pour attirer l'électricité de nom contraire. Cette influence tend à s'exercer sur tous les corps, mais elle n'est réellement efficace que sur les bons conducteurs : tels sont, à des degrés différents, les métaux, l'eau, le sol très-humide, les corps vivants, les végétaux, etc.

Le même conducteur éprouve de la part du nuage des effets très-différents, suivant sa forme et ses dimensions, et surtout suivant sa parfaite ou imparfaite communication avec le sol.

Un arbre, par exemple, quand il se trouve dans une terre médiocrement humide, ne reçoit qu'une très-faible influence, parce que l'électricité de même nom ne peut pas être repoussée au loin dans cette terre, qui n'est qu'un très-mauvais conducteur pour les grandes charges électriques.

Si cet arbre, au contraire, se trouve dans une terre très-humide et d'une vaste étendue, il sera fortement influencé, parce que l'électricité de même nom peut s'étendre au loin dans ce bon conducteur. Enfin il sera influencé autant qu'il peut l'être, si ce bon conducteur, vers ses limites, est lui-même en bonne communication avec d'autres nappes d'eau indéfinies.

Quand il s'agit de l'électricité de nos machines, la surface de la terre telle qu'elle se présente est ce qu'on appelle le *sol*, ou le *réservoir commun*. On peut l'appeler ainsi, puisque sa conductibilité est suffisante pour disperser ou neutraliser toutes ces petites charges électriques.

Quand il s'agit de la foudre, la terre végétale, dans son état habituel, n'est plus ce que l'on peut appeler le réservoir commun ; elle devient relativement un mauvais conducteur, ainsi que les formations géologiques de diverses natures sur lesquelles elle repose. Il faut arriver à la première nappe aquifère, c'est-à-dire à la nappe des puits qui ne tarissent jamais (nous l'appellerons ici *la nappe souterraine*), pour trouver une couche dont la conductibilité soit suffisante. Celle-ci, à raison de son étendue et de ses ramifications multipliées, ne peut pas être isolée des cours d'eau voisins, et avec eux, avec les fleuves et les rivières, avec la mer elle-même, elle constitue ce qu'on doit appeler le réservoir commun des nuages foudroyants, et par conséquent le réservoir commun des paratonnerres.

En effet, pendant que le nuage orageux exerce partout au-dessous de lui son influence attractive sur le fluide de nom contraire et répulsive sur le fluide de même nom, c'est surtout la nappe souterraine qui reçoit cette influence avec une incomparable efficacité. Alors toute sa surface supérieure se charge d'électricité contraire que le nuage y accumule par son attraction, tandis que l'électricité de même nom est repoussée et dispersée au loin dans le réservoir commun. Aussi, quand la foudre éclate, les deux points de départ de l'éclair sont, l'un sur le nuage, et l'autre sur la nappe souterraine, qui est en quelque sorte le deuxième nuage nécessaire à l'explosion de la foudre.

C'est ainsi que le globe de la Terre, sans cesser d'être à l'état naturel dans son ensemble, se trouve éventuellement électrisé sur quelques points par la présence des nuages orageux.

Les édifices, les arbres, les corps vivants, frappés par la foudre, ne doivent être considérés que comme des intermédiaires qui se trouvent sur son chemin et qu'elle frappe en passant.

Toutefois il ne faudrait pas en conclure que ces intermédiaires sont essentiellement passifs, et qu'ils ne contribuent jamais à modifier ou même à déterminer la direction du coup de foudre. Il est certain, au contraire, qu'ils exercent à cet égard une action d'autant plus grande qu'ils ont une étendue plus considérable et une conductibilité meilleure. Par exemple, quand un vaisseau est foudroyé au milieu de la mer, il est très-probable que la foudre n'a pas pris le chemin qui aurait été géométriquement le plus court pour arriver à l'eau qu'elle cherche et où elle doit être neutralisée par le fluide contraire, mais qu'elle a choisi le chemin qui était électriquement le plus court, à raison des décompositions par influence que le nuage avait préalablement produites sur les mâts, les agrès et autres corps conducteurs du bâtiment, plus ou moins haut placés et plus ou moins conducteurs.

Ce phénomène est analogue à celui que nous offre l'étincelle tirée à grande distance des conducteurs d'une puissante machine électrique : elle peut être détournée de son chemin le plus direct par la présence d'un ou plusieurs conducteurs isolés que l'on dispose près de son trajet ; elle vient frapper le même but, mais elle y arrive par une voie électriquement plus courte, bien qu'elle soit plus longue en apparence.

Ces conducteurs isolés changent ici la direction de l'étincelle; les intermédiaires dont nous parlions tout à l'heure changent la direction de l'éclair.

Nous nous bornons au simple énoncé de ce principe fondamental que nous ne pouvons pas développer ici ; il contient l'explication de tous les mouvements, quelquefois si bizarres, des coups de foudre et de tous les effets destructeurs qu'ils produisent ; on ne peut jamais s'en rendre compte sans en avoir bien reconnu les deux points de départ, et entre ces deux points la série des intermédiaires qui ont été frappés par le sillon de l'éclair, tantôt simple, tantôt multiple.

3. Un paratonnerre est un bon conducteur, non interrompu, dont l'extrémité inférieure communique largement avec la nappe souterraine, tandis que son extrémité supérieure s'élève assez haut pour dominer l'édifice qu'il s'agit de protéger.

Une décharge de nos batteries électriques peut fondre plusieurs mètres de longueur d'un fil de fer un peu fin.

Une explosion de la foudre peut fondre ou volatiliser plus d'une centaine de mètres de longueur des fils de sonnettes ou des fils de marteaux des horloges publiques. En 1827, sur le paquebot *le New-York*, une chaîne d'arpenteur de 40 metres de longueur, faite avec du fil de fer de 6 millimètres de diamètre, servant de conducteur au paratonnerre du bâtiment, a été fondue par un coup de foudre et dispersée en fragments incandescents.

Il n'y a pas d'exemple que la foudre ait pu seulement échauffer et porter au rouge sombre une barre de fer carrée de quelques mètres de longueur et de 15 millimètres de côté, ou de 225 millimètres carrés de section.

C'est donc du fer carré de 15 millimètres de côté que l'on adopte pour composer le conducteur des paratonnerres.

On n'est aucunement obligé d'aller chercher la nappe souterraine dans la verticale ou près de la verticale de l'édifice que l'on veut protéger. Un paratonnerre n'est pas moins efficace quand son conducteur est sur une grande partie de sa longueur en lignes courbes, horizontales ou inclinées. La condition essentielle, mais absolument essentielle, est qu'il arrive à la nappe souterraine, et qu'il communique largement avec elle, dût-il aller la chercher à plusieurs kilomètres de distance.

4. Supposons un paratonnerre établi dans ces conditions et examinons, d'une manière générale, les phénomènes qui vont se produire pendant les orages.

L'électricité, développée par influence dans la nappe souterraine, au lieu de s'y accumuler, comme nous venons de le dire (2), trouve le pied du conducteur, qui est une issue où elle se précipite ; car, dans l'intérieur même d'une barre métallique pleine et solide, quelque longue qu'elle puisse être, le fluide électrique se répand et se propage avec une vitesse comparable à la vitesse de la lumière. C'est ainsi que le fluide attiré par le nuage dans la nappe souterraine vient subitement s'accumuler vers le sommet du paratonnerre.

Là se produisent des phénomènes curieux dont il faut donner une idée.

Si le paratonnerre se termine par une pointe fine et très-aiguë d'or ou de platine, le fluide attiré par le nuage exerce contre l'air, qui est mauvais conducteur, une pression assez grande pour s'échapper en produisant une aigrette lumineuse visible dans les ténèbres. Les rayons divergents de cette aigrette diminuent d'éclat à mesure qu'ils s'éloignent de la pointe ; ils sont rarement visibles sur une longueur de 15 ou 20 centimètres. L'air en est vivement électrisé, et l'on ne peut guère douter que ces molécules d'air chargées du fluide de la pointe, c'est-à-dire du fluide attiré, ne soient ensuite transportées jusqu'au nuage lui-même, si l'air est calme, pour neutraliser une portion plus ou moins sensible du fluide dont il est chargé.

Cette neutralisation est ce que l'on appelle l'action préventive du paratonnerre.

En même temps que la pointe aiguë donne naissance à l'aigrette, le flux d'électricité qui passe acquiert souvent une telle intensité, que la pointe s'échauffe jusqu'à la fusion ; dans ce cas l'or et le platine lui-même, quoique beaucoup moins fusible, tombent en gouttes volumineuses le long du cuivre ou du fer qui les porte.

Lorsqu'un paratonnerre a ainsi perdu sa pointe aiguë et

que son sommet n'est plus qu'un large bouton de fusion d'or ou de platine, on doit se demander s'il est ou s'il n'est pas hors de service.

A cette question nous répondons : non, le paratonnerre n'est pas hors de service, pourvu qu'il continue d'ailleurs à remplir les deux conditions essentielles, savoir :

1° Que le conducteur soit sans lacunes;

2° Que par son extrémité inférieure il communique largement avec la nappe souterraine.

Seulement, en perdant sa pointe, le paratonnerre a perdu quelque chose de son action préventive. L'aigrette ne pourrait se reproduire que sous l'influence d'une attraction beaucoup plus forte, et la fusion, qui dépendait surtout de la finesse et de l'acuité de la pointe, ne pourrait se renouveler que très-difficilement, en laissant d'ailleurs les choses à peu près dans le même état. L'air n'est donc plus électrisé par l'aigrette sous forme lumineuse : cette part de l'action préventive a disparu; l'autre part, celle qui peut dépendre de l'air électrisé par son contact avec toutes les portions supérieures de la tige, est probablement beaucoup plus petite.

Au reste, s'il est vrai que le vent emporte bien loin du nuage l'air électrisé par l'aigrette aussi bien que l'air électrisé par la tige, l'action préventive est si souvent réduite à rien, qu'il n'y a pas lieu de la regretter beaucoup.

La conclusion est donc qu'en perdant sa pointe aiguë un paratonnerre ne perd en réalité qu'un très-faible avantage.

C'est par ces motifs que la Commission de 1855 a été conduite à conseiller de terminer le haut du paratonnerre par un cylindre de cuivre rouge de 2 centimètres de diamètre sur 20 à 25 centimètres de longueur totale, dont le sommet est aminci pour former un cône de 3 ou 4 centimètres de hauteur (*Comptes rendus de l'Académie des Sciences,* t. XL, p. 522).

Ce cylindre de cuivre rouge est ajusté à vis sur l'extrémité de la tige de fer du paratonnerre et brasé avec elle pour en faire le prolongement.

En prenant maintenant pour exemple le paratonnerre dont le sommet est terminé par le cône de cuivre rouge, et en laissant de côté l'action préventive, nous allons poursuivre l'examen des phénomènes qui se produisent pendant les orages.

Le cône de cuivre pourra donner encore quelquefois le spectacle des aigrettes, mais bien moins souvent que les pointes aiguës d'or ou de platine; même dans ce cas, il résiste à la fusion, à raison de sa forme et surtout à raison de sa grande conductibilité, tant électrique que calorifique.

Si la foudre vient à éclater, c'est par le cône de cuivre qu'elle pénètre dans la tige et le conducteur, et c'est par la tige et le conducteur qu'elle va se neutraliser dans la nappe souterraine.

Les deux points de départ de l'éclair sont l'un sur le nuage, l'autre au sommet du paratonnerre; il n'y a du reste aucune apparence lumineuse ou électrique dans tout le surplus du circuit. Le courant produit par la foudre passe dans toute l'étendue du conducteur, comme le courant produit par une batterie électrique ou voltaïque passe dans un fil de fer d'un diamètre suffisant.

C'est un coup de foudre ordinaire, seulement il est sans dommage pour le paratonnerre et pour l'édifice qu'il protége; il ressemble ainsi aux coups de foudre innombrables qui pendant les orages s'éteignent au milieu de l'atmosphère.

§ II. — *Construction des paratonnerres* (1).

5. *Tige.* — La tige de fer du paratonnerre est prolongée en haut, comme nous venons de le dire, par un cylindre de cuivre rouge terminé en cône (*fig.* 39); à ce point de jonction, elle a été arrondie et réduite à 2 centimètres de diamètre; plus bas, elle reste carrée et va en augmentant d'épaisseur régulièrement, jusqu'au point d'insertion du conducteur, où elle doit avoir 4 ou 5 centimètres de côté. Sa hauteur totale, entre le sommet du cône de cuivre et ce dernier point, peut varier de 3 à 5 mètres, suivant les circonstances. Il y a presque toujours plus d'avantages à augmenter le nombre des tiges, en les maintenant entre ces limites et en les reliant entre elles par un conducteur commun pour les rendre solidaires, qu'à en réduire le nombre en leur donnant des hauteurs de 7 ou 8 mètres.

Fig. 39.

Toute la longueur de la tige qui est au-dessous du conducteur, ou au-dessous du plus bas des conducteurs, si elle en porte plusieurs, ne compte plus comme paratonnerre; on peut en varier à volonté la forme, et choisir celle qui convient le mieux pour la fixer très-solidement sur ses appuis.

---

(1) *Voir* la légende, p. 119 à 122, pour les figures 39 à 48.

6. *Conducteurs.* — Le conducteur est adapté à la tige par une très-bonne soudure à l'étain, d'après la disposition indiquée par la *fig.* 40; cette première partie du conducteur aura 2 centimètres de côté, et sa partie arrondie, dressée et étamée d'avance, qui traverse la tige de part en part, aura 15 millimètres de diamètre; ainsi les deux surfaces d i fer,

Fig. 40.

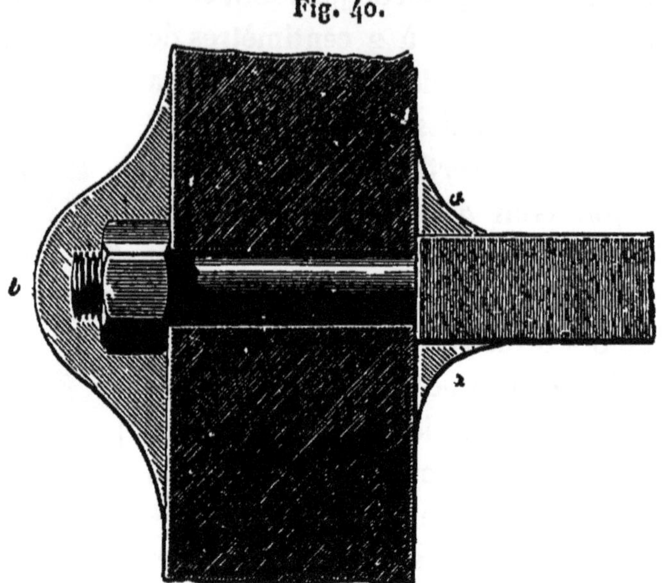

métalliquement unies par la soudure, auront près de 20 centimètres carrés.

Toutes les longueurs suivantes du conducteur, excepté celles qui communiquent à la nappe d'eau, seront réduites à 15 millimètres de côté; elles seront réunies entre elles par des soudures à l'étain, d'après la disposition indiquée dans les *fig*. 41 et 42, la longueur du joint étant de 15 centimètres.

Les courbures toujours arrondies qu'il faudra donner au conducteur, soit pour descendre au sol, soit pour s'étendre sur le sol jusqu'à la verticale de la nappe d'eau, suffiront au jeu des dilatations.

Comme il importe que ces soudures ne soient pas fatiguées par des flexions ou par des tractions obliques, on aura soin d'établir dans leur voisinage des supports de fer à fourchettes qui permettent le glissement longitudinal en empêchant tout ballottement latéral. Ces supports ne doivent pas être des isoloirs électriques.

7. *Communication avec la nappe d'eau.* — La nappe souterraine est, comme nous l'avons dit, celle des puits du voisinage qui ne tarissent jamais et qui conservent au moins 50 centimètres de hauteur d'eau dans les saisons les plus défavorables.

Le puits du paratonnerre sera construit comme un puits ordinaire; il doit être restreint à ce service spécial et ne recevoir aucune eau de fosse ou d'égout.

Si les circonstances l'exigeaient, le puits ordinaire pourrait être remplacé par un forage de 20 à 25 centimètres de diamètre, tubé avec soin contre les éboulements.

Fig. 41.

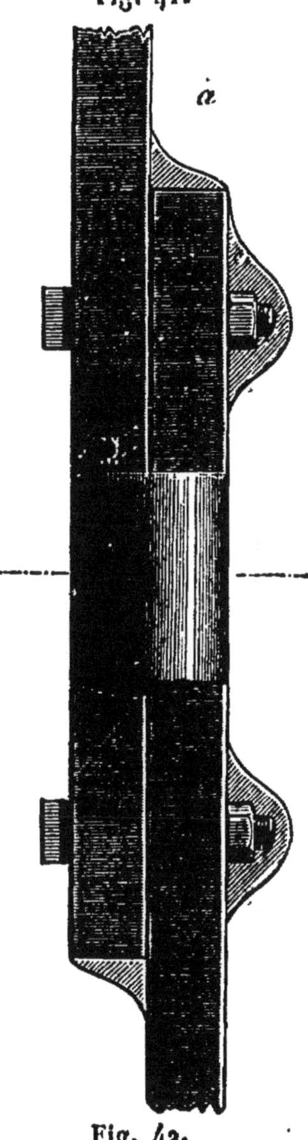

Fig. 42.

La portion du conducteur qui descend dans le puits sera faite avec du fer de 2 centimètres de côté; son extrémité inférieure portera quatre racines d'environ 60 centimètres de longueur, comme l'indique la *fig.* 43 qui représente seulement

Fig. 43.

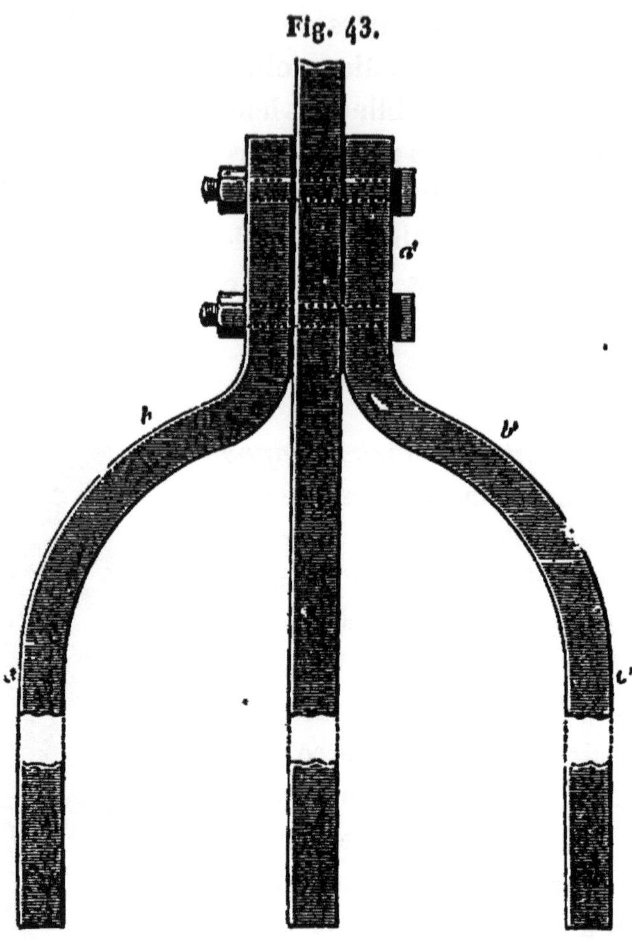

deux de ces racines; les deux autres sont pareilles et soudées sur les deux autres faces du conducteur descendant; un épais nœud de soudure enveloppe tout cet ajustement. Ces racines pourraient être remplacées par une hélice de cinq ou six tours, formée en contournant en tire-bouchon l'extrémité inférieure du conducteur lui-même.

La partie supérieure du conducteur vertical sera soutenue à l'entrée du puits, soit par une cheville assez forte posée sur deux barres parallèles, soit par d'autres moyens analogues (*fig.* 44); on donnera à ces supports une hauteur telle, que les

Fig. 44.

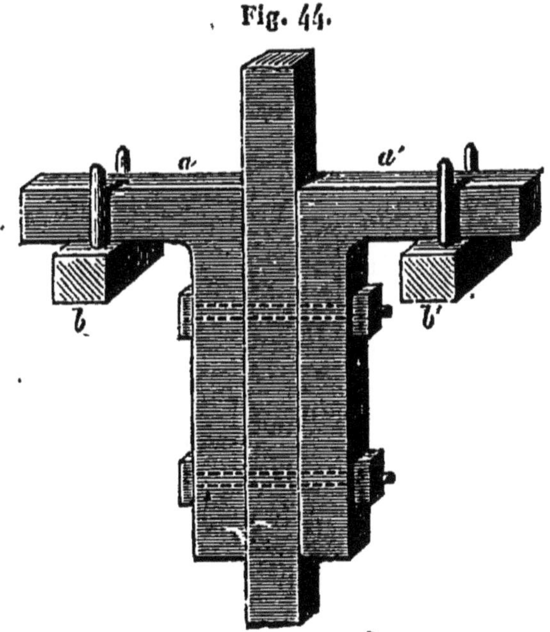

racines et, au besoin, le nœud de soudure plongent dans l'eau; mais il importe que ce poids considérable ne porte pas sur les vases du fond du puits, où s'enfonceraient les racines.

On se ménagera les moyens de constater aisément la profondeur de l'eau du puits dans les diverses saisons de l'année, même quand on connaîtrait le mouvement de ces variations de niveau dans les puits voisins.

Enfin, de loin en loin, il sera nécessaire de reconnaître l'état du fer immergé, car il y a certaines eaux qui pourraient peut-être le corroder trop profondément dans une période de quatre ou cinq années. Il faudra donc défaire la dernière des soudures qui se trouve hors du puits et avoir préparé les moyens mécaniques convenables pour enlever le conducteur et amener au jour son extrémité inférieure.

§ III. — *Dispositions spéciales.*

8. Les paratonnerres ne seront pas établis sur l'édifice même du magasin à poudre, mais en dehors du chemin de ronde et de son mur de clôture.

Chaque magasin de grandes dimensions (27m,89 sur 20 mètres; hauteur 11 mètres) sera entouré de trois paratonnerres : deux près des extrémités de la grande face du mur de clôture qui est le plus exposée aux orages, et le troisième vers le milieu de la face opposée. Ces paratonnerres, dont la tige aura seulement 5 mètres de hauteur, seront élevés sur des supports de 15 mètres, le long desquels le conducteur descendra jusqu'au sol.

Un circuit, que nous appellerons *circuit de ceinture*, parce qu'il suivra, à une petite profondeur au-dessous du sol, l'extérieur du mur du chemin de ronde, viendra passer au pied des trois supports et se souder à chacun des conducteurs qui descendent des tiges. Ainsi les trois paratonnerres sont rendus solidaires, et il suffira de partir du point le plus favorable du circuit de ceinture pour aller chercher la nappe souterraine.

Cette disposition a surtout deux avantages.

Premièrement, elle reporte au dehors tous les travaux de premier établissement, d'entretien ou de réparation que pourraient exiger les paratonnerres, éloignant ainsi du toit et des murs du magasin l'opération des soudures que nous jugeons nécessaire.

Secondement, le circuit de ceinture est un supplément de garantie considérable contre les explosions de la foudre qui pourraient accidentellement se produire dans certaines circonstances, par exemple après les grandes pluies, quand la terre végétale est tellement trempée, qu'elle devient en quelque sorte et pour quelques instants la première nappe aquifère.

Pour les magasins de moyenne dimension, on pourra se borner à deux tiges et deux supports; pour les petits magasins, à une tige et un support; mais, dans tous les cas, on établira le circuit de ceinture.

S'il arrive qu'un magasin à poudre soit dominé, à petite distance, par des cimes de rochers ou par des édifices, nous n'admettons pas qu'il puisse être considéré comme étant, par ces seules circonstances, garanti contre les atteintes de la foudre; nous admettons, au contraire, qu'il n'y est pas moins exposé et qu'il doit être protégé comme s'il n'avait autour de lui rien qui le dominât. En effet, les cimes de ces rochers ou les sommets de ces édifices pourraient bien, en général, recevoir le premier choc de la foudre; mais, comme il est certain que le coup ne s'arrête pas là et qu'il se prolonge jusqu'à la nappe souterraine, on ne peut pas affirmer que dans ce long trajet il ne prendra pas le magasin à poudre comme l'un des intermédiaires qu'il doit frapper.

Le magasin à poudre placé dans les circonstances dont il s'agit ne sera donc protégé tout à la fois contre ce choc secondaire et contre le choc direct que s'il est armé de ses tiges, de ses conducteurs, de son circuit de ceinture et de sa communication avec la nappe souterraine.

Il nous reste maintenant à entrer dans quelques détails sur les constructions qui sont la conséquence de ce système.

9. *Supports des tiges.* — Les supports n'ayant à remplir aucune condition électrique, on peut, à volonté, les construire avec de la pierre, des briques, du bois, du fer, de la fonte, etc.; ils seront toujours très-bons s'ils ont 15 mètres de hauteur, s'ils sont assez solides pour résister à tous les vents, enfin si la tige peut se fixer à leur sommet d'une manière invariable. On atteindrait le but, par exemple, avec trois longues pièces de bois, assemblées en pyramide triangulaire dont elles formeraient les arêtes, ou avec des cornières de fer ou de fonte.

10. *Circuit de ceinture.* — Le circuit de ceinture est composé de trois parties dont l'une est à peu près en ligne droite, puisqu'elle va d'une extrémité à l'autre d'une des grandes faces du mur d'enceinte; les deux autres sont à peu près égales entre elles, et composent ensemble les trois autres côtés du rectangle. Ces trois parties sont en même temps réunies entre elles et réunies aux conducteurs descendants, d'après la disposition indiquée (*fig.* 45); les soudures courantes sont faites d'après les *fig.* 41 et 42; c'est le joint de deux portions du conducteur ordinaire.

Pour protéger le circuit de ceinture, on peut employer diverses méthodes. On peut adopter l'auget où se trouve maintenant logée la partie rampante du conducteur qui descend du faîte; seulement on le creuserait moins profond, de telle sorte que le conducteur lui-même se trouvât très-peu au-dessous du sol; il n'est pas nécessaire de remplir l'auget avec de la braise de boulanger, ni de le remplir de terre ou de sable; il n'est pas nécessaire non plus de le couvrir, excepté dans les points où il se trouve sur un passage. Il n'y a pas d'inconvénient à ce que l'auget puisse accidentellement se remplir d'eau.

Au lieu de l'auget, on pourrait employer un simple caniveau de fonte dont les bords seraient à fleur du sol. Dans ce cas, vers les coins du mur d'enceinte, les portions droites devraient se raccorder par un coude arrondi. Le caniveau devrait pareillement être couvert assez solidement ou avec du bois ou avec de la pierre, dans les points où il se trouve sur un passage; partout ailleurs il se présenterait à peu près comme une rigole d'arrosement.

Fig. 45.

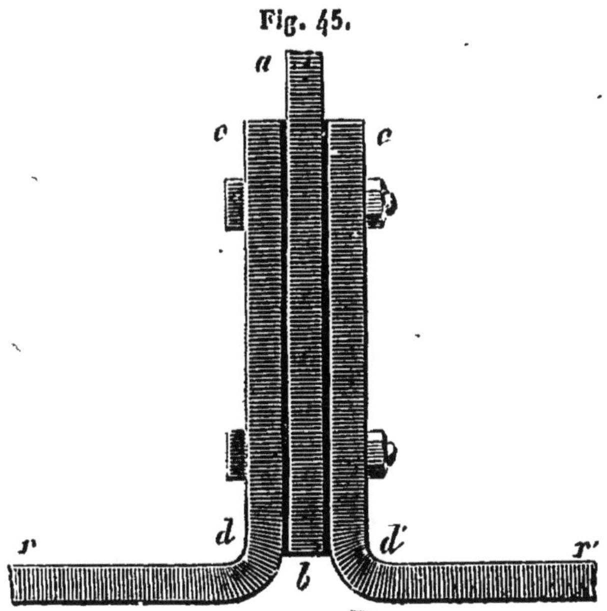

11. *Communication avec la nappe d'eau.* — Si la nappe souterraine est à petite distance, on rentre dans le cas ordinaire dont il a été parlé (7). Après avoir choisi sur le circuit de ceinture le point de départ le plus favorable pour arriver au puits, on y placera un caniveau en forme de T, se raccordant à droite et à gauche avec le caniveau de ceinture; on courbera en équerre le bout du conducteur d'embranchement, puis, par une soudure ordinaire, on le réunira au conducteur de ceinture; il ne restera plus qu'à continuer l'embranchement et son caniveau jusqu'à la branche verticale qui descend dans le puits.

Fig. 46.

a'

c

b

Si la nappe souterraine ne se trouve qu'à une grande distance, s'il faut, pour y arriver, parcourir sur la pente des collines plusieurs centaines de mètres ou même plusieurs kilomètres, la théorie ne change rien à ses déductions, elle répond toujours : Il faut que le conducteur descende jusqu'à la nappe souterraine et qu'il y pénètre; il est impossible qu'il reste en chemin.

On comprend que la pratique puisse s'effrayer un peu d'une telle obligation; cependant le problème a tant d'importance, que l'on ne doit pas le regarder comme insoluble avant d'avoir scruté la nature des difficultés qu'il présente.

Matériellement, le trajet du conducteur n'exige qu'une augmentation de dépense pour être prolongé par l'une ou l'autre des méthodes que nous venons d'indiquer, ou par d'autres analogues. A la vérité, plus la distance augmente, plus il y a de chances de rencontrer des terrains difficiles à franchir, des rochers, des éboulis, etc.; en un mot, des obstacles sérieux pourraient s'opposer à la continuation du conducteur à fleur de terre. En pareil cas, il y aurait de l'avantage à changer de méthode, et à substituer le système aérien au système à fleur de terre; il suffirait pour cela d'introduire quelques changements dans la disposition ordinaire des fils télégraphiques.

1° On prendrait les fils les plus forts, ceux de 6 à 7 millimètres de diamètre; le joint de deux fils qui se suivent serait la soudure à manchon qui est adoptée; seulement il faudrait que les fils fussent étamés d'avance et que le manchon eût 15 ou 20 centimètres de longueur.

Fig. 47.

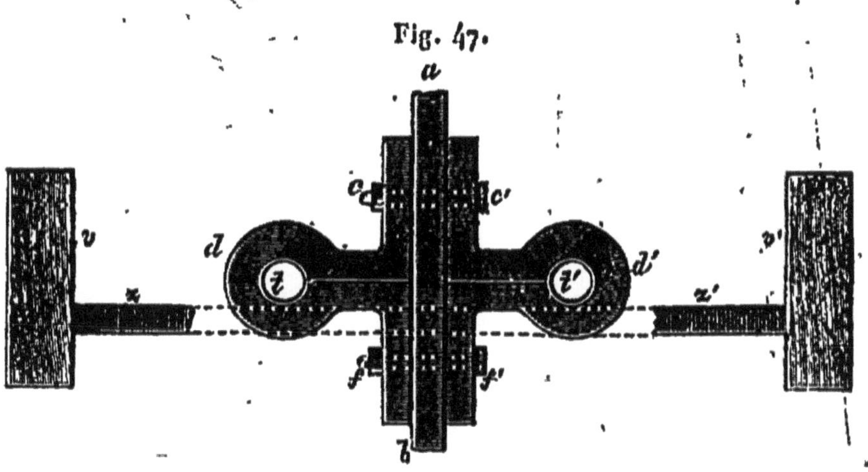

2° Il faudrait employer six fils afin d'avoir une section suffisante. Ils ne seraient ni cordés, ni mêlés, mais séparés les uns des autres.

3° Au lieu d'être isolés sur leurs perches ou poteaux comme ils doivent l'être pour le télégraphe, ils y seraient au contraire supportés par des crochets de fer ou des poulies de fonte, dont les dispositions seraient variées suivant que le fil se prolonge en ligne droite ou en ligne brisée.

4° Enfin la jonction du système des fils avec le système

des conducteurs à fleur de terre se ferait d'après les dispositions indiquées dans les *fig.* 46, 47 et 48.

En combinant ces deux systèmes suivant les circonstances et les accidents du terrain, on parviendra sans doute à surmonter tous les obstacles matériels.

Cependant le problème n'est pas résolu complétement ; il reste une difficulté d'une autre nature : à quoi serviraient ces

Fig. 48.

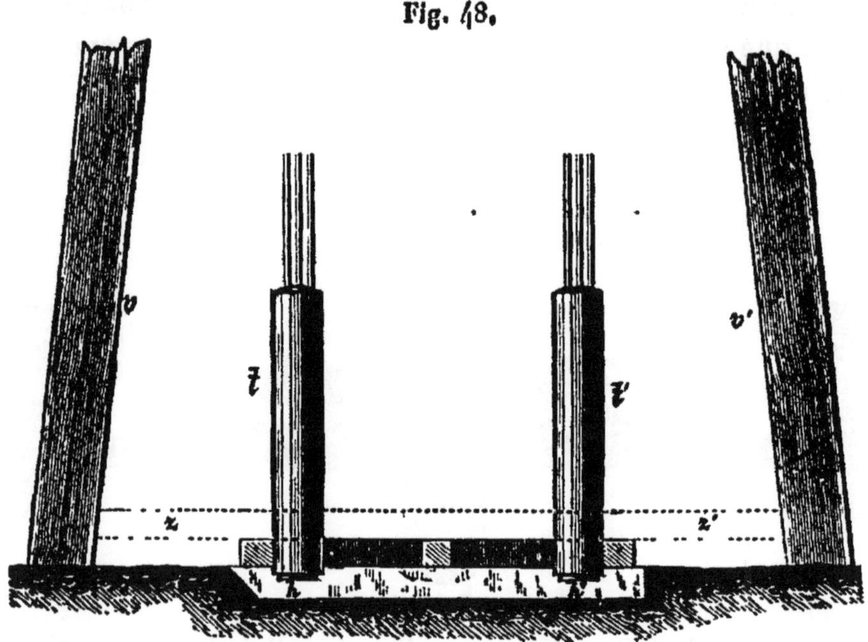

conducteurs s'ils devenaient le jouet des passants ou l'objet de la convoitise des malfaiteurs de toute sorte, qui pourraient à chaque instant les dégrader ou les détruire?

Tout le monde comprend que, s'il est nécessaire d'établir des paratonnerres sur les magasins à poudre pour prévenir de grands désastres, il n'est pas moins nécessaire qu'ils soient respectés dans toute l'étendue de leur parcours ; ajoutons enfin qu'il y a lieu d'espérer que les conducteurs des paratonnerres n'inspireraient pas moins de respect que les fils des télégraphes.

LÉGENDE.

Fig. 39 (*grandeur naturelle*).

Coupe verticale du cylindre de cuivre rouge, indiquant en haut la forme du cône et en bas l'ajustement avec la tige du paratonnerre; ces deux portions sont séparées par une brisure qui complète la longueur totale de 20 à 25 centimètres que doit avoir le cylindre de cuivre rouge.

Fig. 40 (*demi-grandeur*).

Coupe verticale de l'ajustement du premier conducteur avec la tige. Le trou percé dans la tige doit être étamé, ainsi que l'écrou et la portion arrondie du conducteur. Quand la soudure est faite, on y ajoute pour la compléter :

En *a*, un anneau de soudure tout autour du joint ;

En *b*, un nœud de soudure qui enveloppe l'écrou et le bout du conducteur.

Fig. 41 (*demi-grandeur*).

Ajustement ordinaire de deux portions successives du même conducteur.

Les deux faces qui doivent être en contact sont étamées préalablement ; quand elles ont été réunies par les boulons et soudées, on garnit les bouts des conducteurs, les extrémités des boulons et les faces latérales.

Fig. 42 (*demi-grandeur*).

Coupe de l'assemblage des conducteurs.

c et *c'*, bourrelets latéraux de la soudure.

FIG. 43 (*quart de grandeur*).

Communication avec la nappe d'eau.

abc et *a'b'c'*, deux des quatre racines qui sont boulonnées et soudées vers la partie inférieure du conducteur; leur longueur totale est de 40 à 50 centimètres.

Les deux autres racines sont pareilles, seulement elles sont ajustées quelques centimètres plus haut ou plus bas sur les deux autres faces du conducteur.

L'ensemble de ces joints est ensuite noyé dans un nœud de soudure.

FIG. 44 (*quart de grandeur*).

Suspension du conducteur à l'entrée du puits.

a et *a'*, deux équerres qui sont boulonnées sur les conducteurs, sans y être soudées.

b et *b'*, coupes des deux barres parallèles soutenues à l'ouverture du puits; elles sont munies chacune de deux chevilles fixes ou arrêts entre lesquels viennent se poser les équerres.

FIG. 45 (*quart de grandeur*).

Jonction du circuit de ceinture avec le conducteur qui descend de la tige.

ab, conducteur descendant.

cdr et *c'd'r'*, deux portions voisines du conducteur de ceinture; elles sont repliees en équerre et viennent symétriquement se boulonner et se souder sur les deux faces opposees du conducteur.

FIG. 46 (*trois huitièmes de grandeur*).

Fil étamé et replié avant d'être mis dans les tubes *t* et *t'* (*fig.* 47 et 48); l'extrémité *c* doit se trouver alors à 2 centimètres environ au-dessous de l'ouverture du tube.

FIG. 47 (*septième de grandeur*).

Plan et élévation d'un ajustement propre à réunir le conducteur à fleur de terre avec le conducteur aérien

Il faut donner 2 centimètres de côté à cette dernière portion du conducteur à fleur de terre.

ab en est la terminaison.

cd et *c'd'f'* sont deux pièces pareilles en fer, de 2 centimètres de côté; elles ont été travaillées à la forge de manière à présenter en *d* et *d'* un œil de 35 millimètres de diamètre, destiné à recevoir, pour y être soudée au cuivre, l'extrémité inférieure des tubes de fer *t* et *t'*, représentés en élévation dans la *fig.* 48.

Ces tubes *t* et *t'* ont été fermés d'avance par un bouchon de fer *h* et *h'*, de 2 centimètres d'épaisseur; il est bon de les aplatir un peu vers le haut, c'est-à-dire d'en rendre l'ouverture un peu elliptique.

Leur diamètre intérieur est d'environ 30 millimètres, et leur hauteur de 18 à 20 centimètres.

Ils sont destinés à recevoir chacun trois des six fils qui composent le système aérien : il est donc bon d'en étamer avec soin toute la surface intérieure.

Il faut aussi étamer les surfaces de fer qui doivent être en contact avec le conducteur *ab* et les faces correspondantes de celui-ci.

Ces opérations faites, les deux pièces dont il s'agit sont mises en place, boulonnées et soudées avec le conducteur.

Il reste à placer les fils dans les tubes. On commence par en étamer les extrémités sur une longueur de 40 à 50 centimètres; ensuite on les replie sur eux-mêmes (*fig.* 46) et, après en avoir disposé trois dans chaque tube, on y verse de la soudure jusqu'à le remplir; il faut, de plus, arrondir le sommet pour que l'eau n'y séjourne pas.

C'est ainsi que les six fils deviennent la continuation immédiate et métallique du conducteur à fleur de terre.

Pour les protéger à leur point de départ et à leur point d'arrivée, on aura établi solidement, dans le sol, une espèce de chèvre s'élevant de 4 ou 5 mètres, dont les deux montants *v* et *v'* s'écarteront en bas de 60 à 80 centimètres, et en haut de 30 à 40 centimètres.

Une barre de fer *zz'*, fixée sur les montants, vient passer en même temps sur les bords des cercles *d* et *d'*, sur le conducteur *ab* et sur les pièces *f* et *f'* qui lui sont unies, afin d'empêcher que la traction des fils n'y produise quelque dérangement.

Par cette méthode, les fils partent du sol pour s'élever à peu près verticalement jusqu'à la hauteur nécessaire; là ils trouvent, contre les montants de la chèvre, les crochets de fer ou les poulies de fonte qui doivent les soutenir et les diriger vers les poteaux suivants : ceux-ci ne sont alors que de simples poteaux télégraphiques où les supports isolants sont remplacés par des supports de métal.

Au point d'arrivée se retrouve l'appareil du point de départ.

Si les circonstances l'exigent, on pourra aisément, à ces points extrêmes, garantir les fils par des planches ou par des feuilles de tôle fixées contre les montants v et v' de la chèvre.

On sait qu'aucune peinture ne compromet les fonctions électriques d'un paratonnerre ; ainsi l'on peut appliquer sur la tige et sur le conducteur les peintures ou les enduits les plus propres à les conserver, en exceptant toutefois la portion immergée du conducteur, qui doit rester en communication immédiate avec l'eau du puits.

INSTRUCTION

SUR LES PARATONNERRES

DU LOUVRE ET DES TUILERIES,

COMMISSION COMPOSÉE DE

MM. BECQUEREL, BABINET, DUHAMEL, FIZEAU, EDM. BECQUEREL, le Maréchal VAILLANT, POUILLET rapporteur (1).

M. le Maréchal, Ministre de la maison de l'Empereur et des Beaux-Arts, a adressé à notre Président, le 2 mars 1868, des Plans et Rapports sur les paratonnerres du Louvre et des Tuileries, en le priant de consulter l'Académie sur cet état de choses.

La Commission des paratonnerres, dont M. le Maréchal fait lui-même partie, s'est empressée de réunir tous les documents et tous les faits spéciaux dont la connaissance était né-

(1) Extrait des *Comptes rendus des séances de l'Académie des Sciences*, tome LXVII, séance du 20 juillet 1868.

Cette instruction avait été lue par M. Pouillet devant la Commission le jeudi 30 avril 1868 et adoptée par elle; elle a été lue à l'Académie dans sa séance du 20 juillet par M. Edm. Becquerel, après le décès de M. Pouillet.

cessaire pour entrer dans l'examen approfondi de la grande question qui lui est proposée. L'Académie, déjà consultée en 1855, à l'occasion des nouvelles constructions du Louvre, avait donné son avis sur ce point particulier (1); mais, d'après la Lettre de M. le Maréchal et d'après les explications qu'il a données à ses confrères de la Commission, l'Académie est consultée aujourd'hui sur le vaste ensemble des édifices qui s'étendent depuis la colonnade du Louvre jusqu'au palais des Tuileries et qui circonscrivent ainsi une étendue de 18 hectares. La longueur de ces constructions monumentales, tant anciennes que nouvelles, est presque de 3 kilomètres.

Les principes approuvés par l'Académie, soit dans son Instruction de 1855, soit dans celle de 1867, qui se rapporte aux magasins à poudre, doivent assurément servir de guide dans ces circonstances extraordinaires comme dans les cas les plus ordinaires; la Commission n'avait donc qu'une seule question à résoudre, celle de savoir quels sont les moyens les plus simples et les plus sûrs d'appliquer ces principes dans le cas exceptionnel dont il s'agit.

Après en avoir délibéré dans plusieurs séances, la Commission s'est arrêtée à un système d'ensemble qu'elle vient soumettre à l'approbation de l'Académie; nous essayerons d'abord d'en donner une idée générale, ensuite nous entrerons dans les détails d'exécution.

§ I. — *Dispositions générales.*

1. Ces dispositions générales se rapportent aux trois points suivants :

---

(1) *Voir* page 79.

Premièrement. On commencera par établir, avec du fer carré de 2 centimètres de côté, un conducteur qui régnera sans interruption sur les faîtages de tous les édifices qu'il s'agit de protéger; quand un ou plusieurs pavillons se présentent sur le cours d'un même faîtage, le conducteur s'élève pour gagner le sommet du pavillon et descend ensuite de l'autre côté pour reprendre sa route.

Nous appellerons *circuit des faîtes* ce grand conducteur, dont la forme et les courbures variées sont en quelque sorte modelées sur les faîtages; il les parcourt tous sans exception, et se trouvera ainsi avoir plusieurs branches, particulièrement dans les constructions nouvelles, où s'élèvent plusieurs faîtages perpendiculaires et parallèles aux grands faîtages du quai et de la rue de Rivoli.

Ce circuit aura encore plusieurs rameaux beaucoup plus courts, parce qu'il devra être mis en bonne communication avec tous les chéneaux, tous les plombs et toutes les grandes surfaces métalliques qui se trouvent sur les couvertures.

Deuxièmement. Le circuit des faîtes sera mis en communication directe avec la nappe d'eau des puits qui ne tarissent jamais; à cet effet, on choisira les points convenables pour creuser dix ou douze puits, qui recevront chacun un conducteur descendant soudé au circuit. Les conducteurs descendants arrivent à l'eau des puits sans détours inutiles.

On voit que, par ces dispositions, toutes les masses métalliques de la couverture communiquent à la nappe d'eau souterraine.

Troisièmement. Chaque tige de paratonnerre sera mise en parfaite communication avec le circuit des faîtes; nous rappellerons plus loin, dans les détails de construction, comment ces communications doivent être établies.

Fig. 49.
a, Élévation.

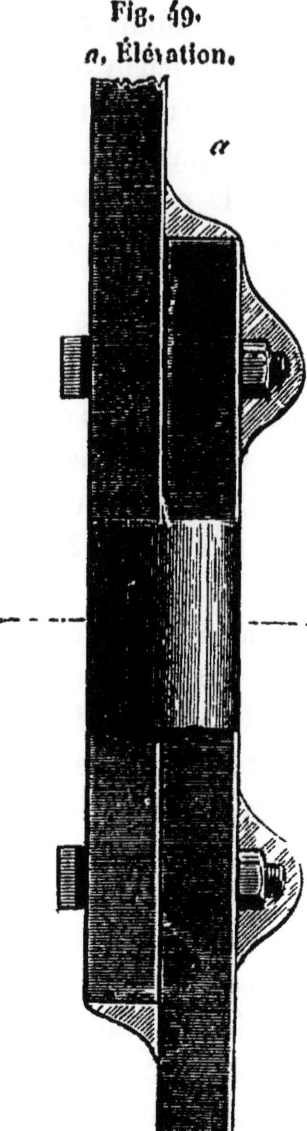

c. Coupe transversale.

Tel est en résumé le système proposé par la Commission.

Pour le faire mieux comprendre et surtout pour qu'il puisse être mis en pratique avec tous les soins qu'il exige, nous allons donner dans les paragraphes suivants les explications relatives aux divers modes d'exécution.

§ II. — *Établissement du circuit des faîtes.*

2. Le circuit des faîtes est composé de barres de fer carré de 2 centimètres de côté ayant 4 ou 5 mètres de longueur; ces barres doivent être jointes l'une à l'autre, par superposition des extrémités, avec deux boulons et une bonne soudure à l'étain, comme le fait voir la *fig.* 49.

Lorsqu'il y aura lieu d'établir, sur la ligne principale du circuit, un embranchement perpendiculaire, la jonction se fera d'après la *fig.* 50.

La nouvelle branche se termine en forme de T, dont la traverse se superpose à la ligne principale, où elle est boulonnée et soudée à la manière ordinaire, tandis que la tige du T se prolonge pour constituer l'embranchement.

Dans certains cas, le circuit des faîtes pourra reposer immédiatement sur le faîtage; cependant, comme il importe que ses joints et soudures ne soient en rien compromis, soit par les réparations des couvertures, soit par d'autres causes, il est probable qu'en général il faudra le soutenir à une certaine hauteur par des supports convenablement espacés. Ces supports pourront varier suivant la forme et la disposition des faîtages eux-mêmes : quelquefois il faudra recourir aux sup-

Fig. 50.

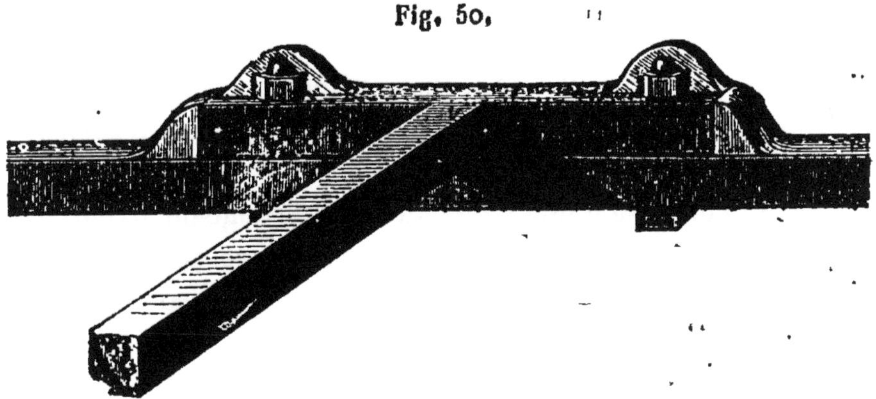

ports fixes; alors ils devront être à fourchette, afin d'empêcher des déplacements latéraux d'une trop grande amplitude, en même temps qu'ils permettront le jeu de la dilatation. D'autres fois on pourra se borner à de simples coussinets de fonte, du poids de 5 ou 6 kilogrammes, simplement posés sur le faîtage et portant à leur face supérieure une gorge destinée à recevoir la barre.

3. *Compensateur de dilatation.* — La dilatation du fer est presque de 1 millimètre par mètre pour une variation de

température de 80 degrés centigrades ; or, dans nos climats, les barres du circuit pourront sans doute, pendant l'été, s'élever à 60 degrés au-dessus de zéro, et pendant l'hiver descendre à 20 degrés au-dessous de zéro, ce qui fait une variation de température de 80 degrés ; ainsi chaque 100 mètres de longueur du circuit peut s'allonger de 1 décimètre en passant de l'extrême froid à l'extrême chaud, et réciproquement.

Il en résulte que, dans le cas où le circuit des faîtes aurait une très-grande longueur en ligne droite, il pourrait être nécessaire d'introduire dans les grandes longueurs un compensateur de dilatation, afin d'éviter des tractions et des poussées très-fortes qui compromettraient l'ajustement de l'appareil lui-même.

Dans ces circonstances probablement rares, et dont l'architecte est le meilleur juge, nous proposons l'emploi du compensateur qui est représenté dans la *fig.* 51.

Il se compose d'une bande de cuivre rouge de 2 centimètres de largeur, 5 millimètres d'épaisseur et 70 centimètres de longueur, dont les extrémités reçoivent à la soudure forte les bouts de fer B et B' du calibre ordinaire, et de 15 centimètres de longueur ; alors la bande de cuivre est pliée comme l'indique la figure et n'oppose qu'une résistance peu considérable à une flexion un peu plus grande ou un peu plus petite. On comprend, par exemple, que les fers B et B' étant maintenus sur une même ligne horizontale, si une force les oblige à se rapprocher ou à s'éloigner davantage, le sommet de la courbe formée par la bande de cuivre montera un peu plus haut ou descendra un peu plus bas.

Supposons maintenant que, pour le jeu des dilatations, on ait conservé une lacune d'environ 15 centimètres entre deux barres A et A' du circuit, la température etant, par exemple,

Fig. 51.

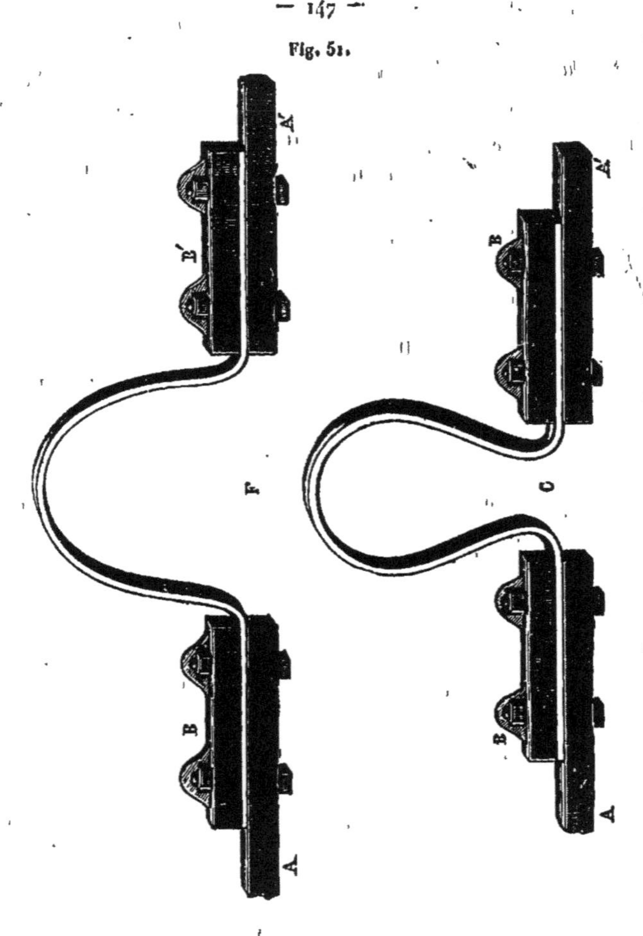

de 20 degrés centigrades au moment de la pose; supposons qu'en même temps, pour combler cette lacune et pour rendre au circuit sa continuité métallique, on ait boulonné et soudé les fers B et B' du compensateur en les alignant sur les extrémités A et A' du circuit, comme le représente la *fig.* 51; alors c'est en ce point que viendront se concentrer tous les effets de la chaleur et du froid.

A mesure que la température s'élève et marche de plus en plus vers son maximum de 60 degrés au-dessus de zéro, la dilatation rapproche les extrémités des barres A et A', de telle sorte qu'au maximum de chaleur la lacune est réduite, par exemple, à 10 centimètres, comme on le voit en G (*fig.* 51), et le compensateur atteint son maximum de fermeture.

Au contraire, le refroidissement au-dessous de + 20 degrés écarte de plus en plus les extrémités des barres A et A'; la lacune augmente de telle sorte qu'au maximum de froid elle arrive, par exemple, à 20 centimètres, comme on le voit en F (*fig.* 51), et le compensateur atteint son maximum d'ouverture.

S'il arrivait que le compensateur dût être exposé à des chocs accidentels, on trouverait aisément les moyens de le protéger.

4. *Chéneaux et surfaces métalliques de la couverture.* — Pour les édifices qui nous occupent, les plombs des chéneaux sont ajustés avec tant de soin, qu'il est permis de les admettre comme ne faisant qu'un tout continu; dans ce cas, il suffira d'établir de loin en loin quelques bonnes communications entre les chéneaux et le circuit des faîtes.

Ces communications pourront se faire, soit avec des lames de forte tôle, soit avec des fers plats ou autres dont la section soit au moins de 1 centimètre carré; mais sous la condition, toujours nécessaire, que les deux soudures des extrémités, celle qui se fait sur le plomb du chéneau et celle qui se fait sur la barre du circuit, aient chacune 20 à 25 centimètres carrés d'étendue superficielle.

Quant aux autres grandes surfaces métalliques de la couverture, il faudra autant que possible en rendre les parties solidaires entre elles, en les reliant au besoin avec des bandes de tôle soudées d'une pièce à l'autre ; ces précautions prises, on les fera communiquer métalliquement aux barres du circuit, ou, si on le trouve plus commode, on les fera communiquer aux chéneaux, puisque ceux-ci sont directement reliés au circuit.

§ III. — *Communication du circuit des faîtes avec le sol.*

5. D'après ce que nous venons de dire du circuit des faîtes, de son établissement et surtout de sa continuité métallique, on comprend qu'il ne constitue pas encore un paratonnerre.

Qu'est-ce qui lui manque pour cela? Très-peu de chose : il ne lui manque qu'une parfaite communication avec le sol.

En effet, admettons que cette communication soit établie; admettons qu'en prenant un point quelconque du circuit on y soude un conducteur qui descende jusqu'au pied de l'édifice, qui se recourbe horizontalement pour gagner l'ouverture d'un puits et qui se recourbe encore pour se diriger vers le fond, plonger dans la nappe d'eau et communiquer largement avec elle ; à l'instant le vaste réseau du circuit est transformé en paratonnerre ; et, ce qui est bien digne de remarque, il devient un paratonnerre universel, protégeant avec la même efficacité tous les édifices dont il parcourt les faîtages.

Hâtons-nous d'ajouter que cette déduction est plus théorique que pratique, en ce sens qu'elle est subordonnée à certaines conditions qui pourraient n'être pas remplies. Par exemple, le circuit ne protége aucun des objets plus élevés que lui; la foudre venant à éclater, elle frapperait sans doute ces objets, tels que cheminées, ornements, etc., qui lui serviraient en quelque sorte d'intermédiaire pour arriver au circuit, mais qui n'en seraient pas moins brisés en passant. D'un autre côté, le moindre défaut dans le conducteur descendant compromettrait à la fois tous les édifices.

La prudence commande donc d'armer le circuit d'un nombre suffisant de tiges plus ou moins hautes pour prévenir les dégâts dont nous venons de parler; ce sera l'objet du paragraphe IV.

La prudence commande encore de ne pas se borner à un seul puits ni à un seul conducteur descendant; c'est cette dernière question que nous allons examiner.

6. D'après l'étendue des faîtages et la disposition des édifices, nous estimons que le nombre des puits devra s'élever à dix ou douze, convenablement espacés sur le périmètre total; il en résulte que le nombre des conducteurs descendants sera pareillement de dix ou douze, car chaque puits ne doit recevoir qu'un conducteur descendant.

Ces puits, exclusivement réservés au service des paratonnerres, seront dans les cours et près des façades; la position de chacun d'eux sera déterminée par l'architecte de telle sorte que le conducteur descendant qui doit lui appartenir puisse y arriver avec un parcours horizontal de quelques mètres de longueur.

Voici donc l'allure du conducteur descendant : à son point

de départ, il est boulonné et soudé sur le circuit des faîtes à la manière d'un embranchement perpendiculaire (*fig.* 50); ensuite la tige du T est courbée suivant les convenances du lieu pour arriver à la façade ou à l'angle de l'édifice, d'où elle descend verticalement jusqu'à environ 20 centimètres au-dessous du pavé; dans cette course, il faut soutenir son poids et la maintenir à une certaine distance des murs : l'architecte avisera suivant les circonstances.

Ce conducteur descendant, arrivé à la limite de sa course

Fig. 52.

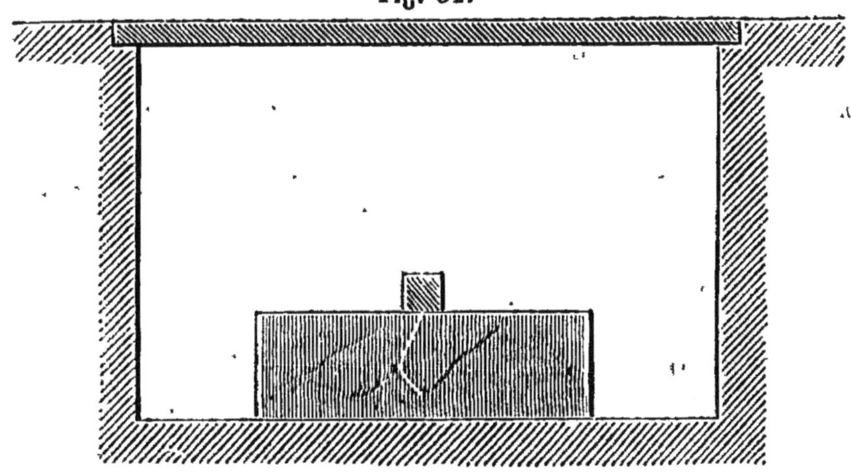

verticale, est replié parallèlement au pavé et dirigé vers l'axe du puits, où il arrive par un conduit préparé à cette fin, en restant ainsi à 20 ou 25 centimètres au-dessous du sol. Ce conduit est ensuite fermé avec des dalles de fonte ou de granit, dont la face supérieure effleure le pavé, et qu'il suffit de lever quand on veut reconnaître l'état de cette partie du conducteur.

La *fig.* 52 représente une section transversale du conduit

où est logé le conducteur pour venir du pied de l'édifice à l'axe du puits.

C'est là qu'il reçoit une dernière pièce formant son complément indispensable ; la longueur de cette pièce dépend de la profondeur du puits : nous en représentons les deux extrémités (*fig.* 53 et 54).

La *fig.* 53 est une élévation de l'extrémité supérieure et de son ajustement sur l'extrémité du conducteur horizontal.

Fig. 53.

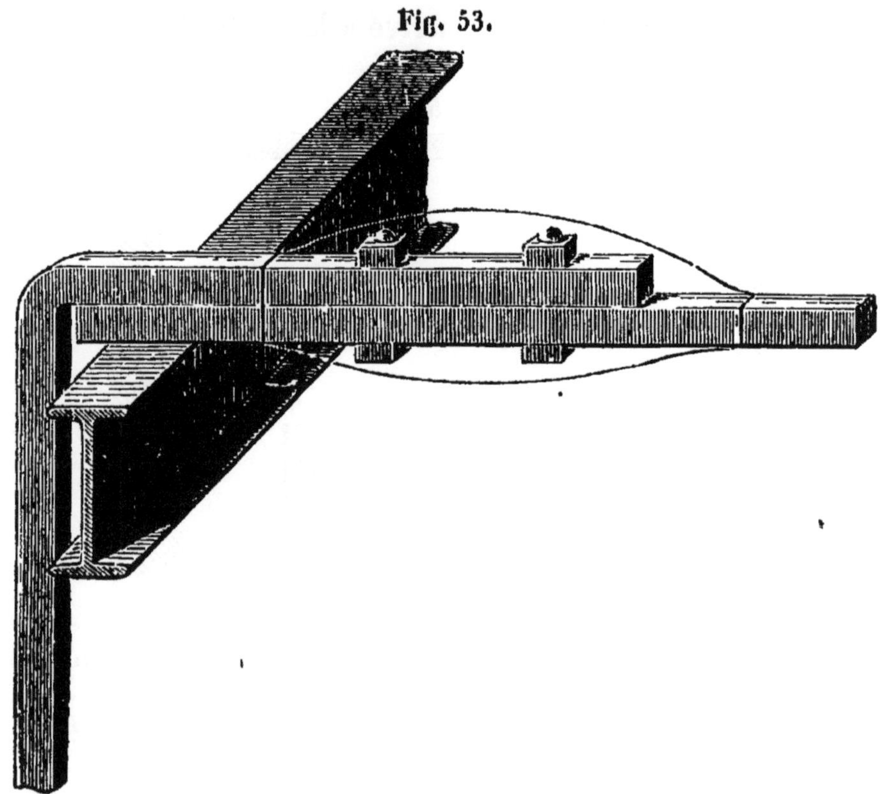

La *fig.* 54 est une élévation de son extrémité inférieure ; elle ne fait voir que deux des quatre racines qui doivent, avec la tige principale, être immergées dans l'eau sur une longueur de 80 centimètres au moins; les deux autres racines sont pareilles ; elles sont boulonnées et soudées sur les faces antérieures et postérieures de la tige. Tout cet assemblage est noyé dans un nœud de soudure qui n'est pas indiqué sur la figure.

Fig. 54.

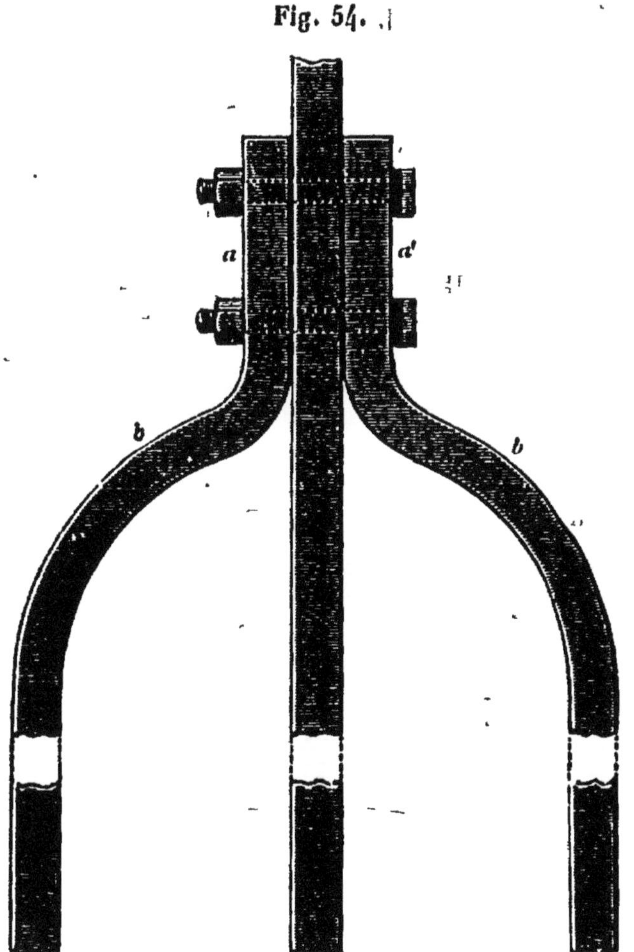

La *fig.* 55 est une vue d'ensemble du puits recouvert de ses dalles et comprenant la partie supérieure du conducteur, ainsi que la partie inférieure qui plonge dans l'eau.

7. Nous terminerons cet article par une remarque impor-

Fig. 55.

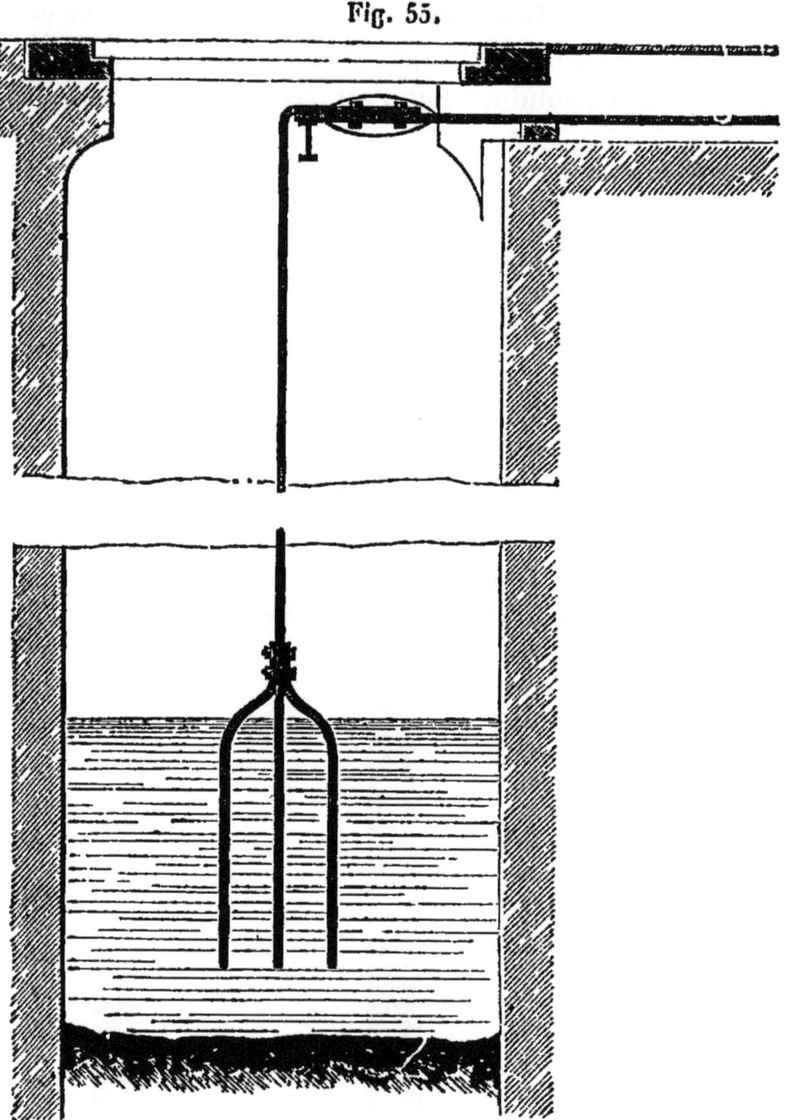

tante, dont l'architecte devra tenir compte quand il y aura quelques grandes réparations à faire dans les édifices.

Deux exemples serviront à expliquer notre pensée.

Premier exemple. — On enlève une des barres qui composent le circuit des faîtes ; on y produit ainsi une lacune d'environ 5 mètres. L'édifice est-il par là exposé à quelque danger ?

Non, l'édifice n'est exposé à aucun danger : cet intervalle est insignifiant par rapport à la distance des nuages orageux. Si le tonnerre doit tomber, il ne tombera jamais dans cette petite brèche de 5 mètres, pour se propager ensuite dans les appartements inférieurs, en y produisant ses dégâts ordinaires ; il tombera nécessairement sur les parties voisines du circuit, qui le conduiront paisiblement dans la nappe d'eau souterraine.

Mais ce qui est vrai pour une lacune de 5 mètres cesserait d'être vrai pour une grande lacune de 30 ou 40 mètres ; alors la partie correspondante de l'édifice ne serait plus protégée contre les atteintes de la foudre.

Second exemple. — Considérons maintenant deux conducteurs descendants successifs X et Y, séparés l'un de l'autre par un intervalle de 200 mètres : à la droite de X, on fait une lacune de 5 mètres ; à la gauche de Y, on fait une lacune pareille de 5 mètres. Par ces deux lacunes, qui existent simultanément, l'édifice est-il exposé à quelque danger ?

Oui, l'édifice est exposé à un danger considérable : en effet, les 190 mètres du circuit des faîtes qui restent compris entre les deux petites lacunes de 5 mètres, n'ayant plus de communication avec le sol, n'ont plus aucune efficacité contre la foudre; l'édifice est donc sans protection dans toute la longueur qui sépare les deux conducteurs descendants X et Y.

Ces courtes explications suffisent pour guider l'architecte dans l'ordre de ses travaux ; il pourra même en tenir compte pour choisir les points les plus favorables à l'établissement des puits et des tuyaux descendants.

§ IV. — *Tiges des paratonnerres et leur jonction avec le circuit des faîtes.*

8. Une tige de paratonnerre est une pyramide quadrangulaire ayant à sa base 6 ou 7 centimètres de côté et à son sommet 2 centimètres; ce sommet est arrondi et travaillé pour recevoir un cylindre de cuivre rouge de 2 centimètres de diamètre sur 15 centimètres de longueur, dont la partie supérieure est amincie en cône de 3 centimètres de hauteur, tandis que la partie inférieure est ajustée pour être vissée sur le fer et soudée à la soudure forte.

Fig. 56.

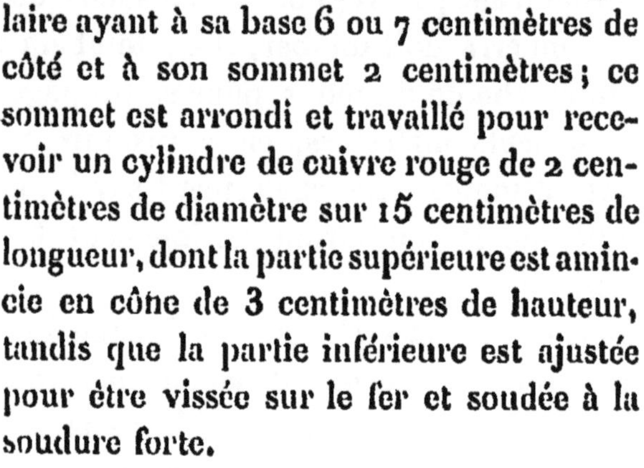

Ce cylindre de cuivre rouge, terminé en cône, est ce que nous appelons la *pointe du paratonnerre* (1).

La *fig.* 56 représente cet ajustement.

Quant à la *hauteur de la tige*, c'est l'intervalle compris entre son sommet et le point de sa base où elle reçoit son conducteur ; tout ce qui est au-dessous de ce point est destiné à la fixer très-solidement sur ses charpentes de fer ou de bois et ne peut pas compter comme hauteur efficace.

---

(1) Cette disposition est celle qui a été indiquée dans les Instructions antérieures de 1855 et de 1867. (*Voir* p. 79 et 97.)

La hauteur des tiges peut varier de 5 mètres à 10 mètres, suivant les circonstances ; mais en général les hauteurs moyennes de 6 à 8 mètres sont suffisantes.

Il importe que, dans sa longueur efficace, la tige ne soit pas composée de deux pièces distinctes non soudées à la forge.

9. Pour mettre une tige en parfaite communication avec la nappe d'eau, il suffit de la mettre en communication avec un

Fig. 57.

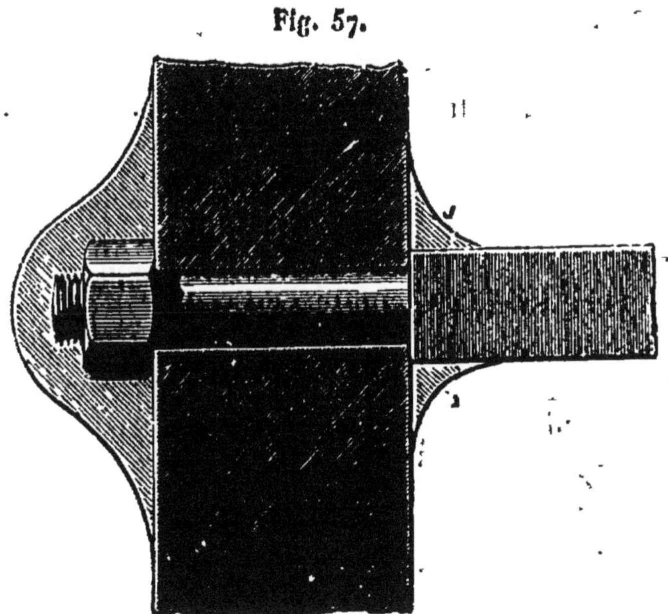

point du circuit des faîtes, par exemple, avec le point qui est le plus voisin de sa base. Cette distance sera toujours petite et ne pourra que très-rarement s'élever à 3 ou 4 mètres.

Nous appellerons *conducteur de tige* ce conducteur très-court qui réunit métalliquement la tige au circuit ; il sera toujours fait avec le fer carré de 2 centimètres de côté, sauf l'addition éventuelle d'une lame de cuivre dont nous parlerons tout à l'heure.

On comprend qu'il n'y a dans ce conducteur que deux points importants : sa jonction avec la tige et sa jonction avec le circuit.

La jonction avec la tige sera toujours établie de la même manière.

La *fig.* 57 représente une coupe verticale de cet ajustement.

La jonction avec le circuit se fera en général d'après la *fig.* 50, c'est-à-dire suivant le mode adopté pour les embranchements perpendiculaires au circuit.

Cependant il peut arriver que ce mode général présente des inconvénients : par exemple, quand le circuit se prolonge en ligne droite sur une grande longueur, et quand il faut avoir recours au compensateur de la *fig.* 51 pour prévenir les fâcheux effets de la dilatation, on comprend que le conducteur de la tige, entraîné par le déplacement direct ou rétrograde du circuit, tendrait à marcher tout d'une pièce, à cause de sa grande rigidité ; alors la portion de ce conducteur qui pénètre dans la base de la tige en serait fort éprouvée et tendrait à se briser par ces efforts répétés.

Dans les points du circuit où la dilatation acquiert une très-notable amplitude, il faudrait donc donner au conducteur de la tige une certaine souplesse, qui lui permît d'obéir à l'entraînement du circuit sans rien compromettre. On peut obtenir ce résultat de diverses manières ; nous nous bornerons à indiquer ici la disposition suivante :

Le fer X (*fig.* 58) du conducteur de la tige est, comme à l'ordinaire, dirigé perpendiculairement au fer Y du circuit, mais il n'y arrive pas ; on le rogne pour laisser un intervalle de 40 ou 50 centimètres, destiné à recevoir une bande de

Fig. 58.

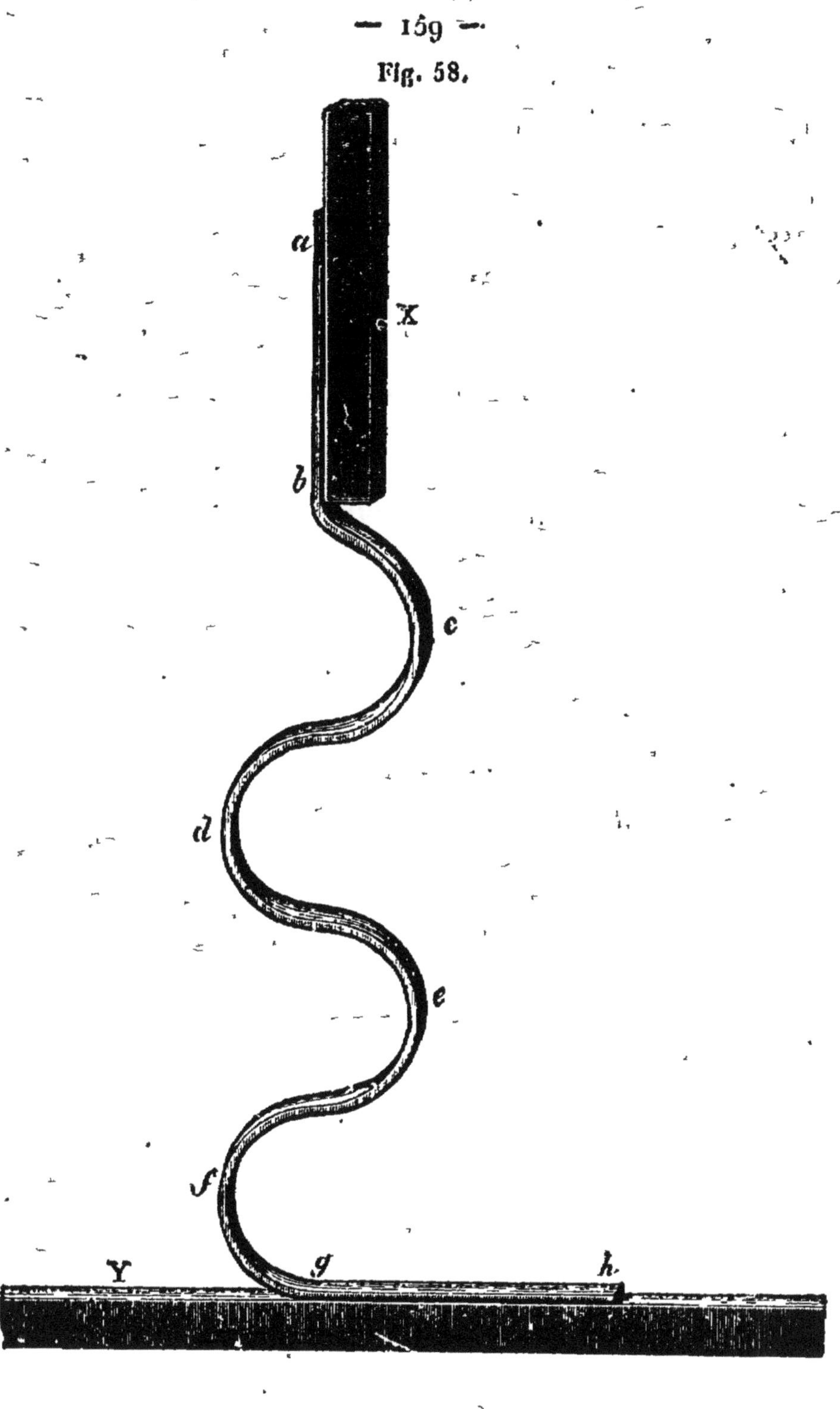

cuivre rouge, dont la portion libre *c*, *d*, *e*, *f* est ondulée, tandis que les extrémités *ab* et *gh* restent droites pour se souder, la première sur le fer du conducteur, la seconde sur le fer du circuit. Cette bande de cuivre doit avoir 2 centimètres de largeur sur 5 millimètres d'épaisseur; ses portions rectilignes auront chacune 15 centimètres de longueur, et sa portion libre environ une fois et demie la longueur qui mesure la distance des fers X et Y; elle aura ainsi une souplesse suffisante pour obéir aux déplacements du circuit provenant des variations de température.

10. Il nous reste à donner quelques indications sur la place que doivent occuper les tiges et sur leurs distances relatives.

La première règle que nous établissons à cet égard est de poser des tiges sur tous les points culminants du faîtage, tels que pavillons, dômes, campaniles, etc., etc.; nous les appellerons *tiges principales*.

La seconde règle, moins générale et moins précise que la première, est de déterminer, d'après les circonstances locales, combien il faut mettre de *tiges secondaires* entre deux tiges principales consécutives.

Voici les considérations d'après lesquelles il faudra se guider :

Quand, dans cet intervalle, il se trouve beaucoup d'objets ayant une saillie notable au-dessus du circuit, comme cheminées, ornements, etc., les tiges secondaires, destinées spécialement à protéger ces objets, ne devront pas être écartées l'une de l'autre de plus de 25 à 30 mètres.

Quand il arrive, au contraire, que, dans l'intervalle qui sépare deux tiges principales, le circuit n'est dominé par aucun objet qui ait au-dessus de lui une saillie notable, on pourra sans inconvénient placer les tiges secondaires à 50 ou 60 mètres de distance l'une de l'autre.

11. Nous terminerons cette Instruction en recommandant qu'il soit procédé, au moins une fois par an, à la visite des différentes parties des conducteurs des paratonnerres, pour vérifier si leur conservation est bonne et si elles sont toujours en parfaite communication entre elles, et en tous cas pour constater l'état dans lequel elles se trouvent ; un procès-verbal de cette visite devra être transmis à l'autorité compétente.

L'Académie approuve ce Rapport.

DANGERS QUE LE VOISINAGE

D'UNE

STATION DE TÉLÉGRAPHIE SANS FIL

POURRAIT PRÉSENTER DANS CERTAINS CAS

POUR UN

MAGASIN A POUDRE OU A EXPLOSIFS.

(*Commissaires :* MM. LIPPMANN, BECQUEREL, POTIER, VIOLLE, AMAGAT, BERTHELOT, SARRAU; MASCART, *Rapporteur.*)

Séance du 16 novembre 1903.

M. le Ministre de la Guerre a consulté l'Académie des Sciences « sur les dangers que le voisinage d'une station » de télégraphie sans fil pourrait présenter dans certains » cas pour un magasin à poudre ou à explosifs ».

La nature des récipients dans lesquels les poudres et les explosifs sont enfermés ayant une grande importance au point de vue de cette question, M. le Ministre ajoute à sa lettre une Note donnant des indications sommaires sur les conditions dans lesquelles la poudre, les munitions, les artifices et les explosifs sont normalement emmagasinés dans les locaux dépendant du Service de l'Artillerie.

Il n'y a aucune raison de croire que les oscillations électriques utilisées dans la télégraphie sans fil puissent avoir une influence sensible sur les magasins à poudre ou à explosifs.

Les expériences nombreuses exécutées à bord des navires de guerre, qui renferment des munitions, n'ont causé aucun accident imputable à la transmission ou à la réception de ces dépêches. Il est vrai que ces navires, construits en fer, constituent par eux-mêmes une enveloppe conductrice pour les objets qu'ils renferment, mais il ne semble pas que les diverses expériences réalisées sous le patronage du Ministère de la Guerre aient donné des résultats différents.

Toutefois, en raison de la gravité des conséquences qui pourraient résulter d'une étincelle secondaire dans une substance explosive, il est prudent d'éloigner des magasins à poudre les appareils expéditeurs de télégraphie sans fil, quand on y met en jeu des machines de grande puissance.

Si tout danger est improbable pour les poudres elles-mêmes, à cause de leur faible conductibilité électrique et de la petitesse des étincelles possibles, il n'en est pas de même pour les détonateurs ou les différents déchets, dans lesquels la coexistence de parties métalliques voisines et de matières explosives pourrait y permettre la production d'étincelles capables de provoquer l'explosion.

Il serait donc très utile d'organiser des expériences spéciales sur diverses munitions (obus, gargousses, cartouches, etc.) garnies seulement de leur détonateur et de les soumettre, dans des conditions variées, à l'action des oscillations hertziennes.

Les conclusions de ce Rapport, soumises au vote de l'Académie, sont adoptées.

RAPPORT RELATIF

AUX

PLANTATIONS D'ARBRES

DANS LE VOISINAGE

DES MAGASINS A POUDRE.

(*Commissaires :* MM. Lippmann, Becquerel, Potier, Violle, Amagat, Berthelot, Sarrau ; Mascart, *Rapporteur.*)

Séance du 16 novembre 1903.

La loi du 22 juin 1854, qui établit des servitudes autour des *magasins à poudre de la Guerre et de la Marine,* contient les dispositions suivantes :

« Article premier. — A l'avenir, il ne pourra être élevé, » à une distance moindre de 25 *mètres* des murs d'enceinte » des magasins à poudre, aucune construction de nature » quelconque, autre que des murs de clôture.

» Sont prohibés, dans la même étendue, l'établissement » des conduits.... et les *plantations d'arbres de haute* » *tige.* »

M. le Ministre de la Guerre a consulté l'Académie des Sciences sur la question suivante :

« Les prescriptions de l'Article Ier de la loi du 20 juin » 1854 doivent-elles être maintenues dans toute leur ri- » gueur en ce qui concerne les plantations d'arbres de

» haute tige? Ces prescriptions ne pourraient-elles pas, » notamment, être modifiées pour les magasins recouverts » d'une épaisse couche de terre? »

Les mesures prescrites pour le voisinage des arbres paraissent avoir comme point de départ l'*Instruction sur les paratonnerres des magasins à poudre,* par le Comité des Fortifications, du 25 août 1807, où l'on trouve au § 33 cette observation :

« Les arbres ne sont foudroyés pendant les orages que » parce que leurs tiges font l'office de pointes; mais leurs » troncs sont de mauvais conducteurs et la foudre les aban- » donne pour s'élancer sur des corps voisins; la prudence » prescrit donc de ne point établir ni conserver autour des » magasins à poudre des plantations voisines, surtout des » arbres de haute tige. »

L'*Instruction ministérielle du* 8 *juin* 1898 sur l'organisation des *locaux* affectés à la *confection* ou à la *manipulation* des munitions et artifices de guerre s'exprime ainsi au sujet des arbres :

« Dans le cas où l'on compte sur la présence des arbres » entourant les bâtiments pour protéger ceux-ci contre la » foudre, la protection ne doit être considérée comme » efficace qu'autant que les arbres sont beaucoup plus » élevés que les bâtiments et que ces arbres ont leurs » racines plongeant dans une nappe d'eau voisine de la » surface du sol.

» ... En tous cas, il est avantageux de planter des arbres » *dans les environs immédiats* des locaux à l'intérieur » desquels il peut se produire des explosions. Les arbres

» arrêtent, en effet, une grande partie des matériaux pro-
» jetés et, par suite, limitent considérablement l'importance
» des dégâts.

» Pour ces plantations, il convient d'employer des essences
» à feuilles persistantes, garnies jusqu'au pied du tronc. »

Il est vrai qu'il est ici question des ateliers, et non des magasins à poudre, mais la plantation d'arbres dans le voisinage immédiat paraît en contradiction avec la loi de 1854.

Cette loi d'ailleurs n'aurait guère été respectée dans la pratique, si l'on en juge par le Rapport présenté à M. le Ministre de la Guerre par le Président du Comité technique d'Artillerie, où on lit :

« Actuellement, les prescriptions de la loi de 1854 sont
» loin d'être observées, soit que des magasins à poudre
» aient été construits dans le voisinage immédiat d'arbres
» de haute tige, soit que des arbustes plantés à côté des
» magasins soient devenus des arbres de haute futaie.

» Il y a lieu de remarquer que cette dérogation aux pres-
» criptions de la loi précitée n'a donné lieu jusqu'ici à
» aucun accident et que, en cas d'explosion d'un magasin,
» les arbres peuvent, dans une certaine mesure, diminuer
» l'importance des dégâts.

» D'autre part, la loi de 1854 a été rédigée en vue des
» magasins dits *du temps de paix;* depuis cette époque, on
» a construit de nombreux magasins, dits *du temps de*
» *guerre,* lesquels sont recouverts d'une épaisse couche
» de terre, et il est probable que pour ces derniers maga-
» sins la proximité des arbres de haute tige ne présente
» aucun danger. »

L'Académie des sciences a été consultée à maintes reprises,

de 1784 à 1867, sur la protection des magasins à poudre contre la foudre. Il n'est question des arbres que dans les deux Rapports rédigés par Gay-Lussac du 2 novembre 1807 et du 23 avril 1823.

Le premier avait précisément pour objet l'examen de l'Instruction du 25 août 1807 et le Rapporteur s'exprime ainsi au sujet des arbres :

« ... Si les magasins à poudre situés dans les places » fortes au pied des remparts ou autres lieux analogues sont » dominés par des édifices, le terrain ou des plantations, *on* » *prescrit* d'armer les édifices et même les remparts en » mettant sur ces derniers des paratonnerres sur mâts et de » ne point conserver autour des magasins à poudre les arbres » de haute futaie.

....

» Nous pensons donc qu'en se conformant aux règles qui » y sont indiquées et aux observations que nous avons faites, » on aura satisfait à tout ce que l'expérience et la physique » ont appris à cet égard.

Il est important de remarquer que le rapporteur ne fait aucune allusion à la distance imposée pour les arbres de haute tige et que, sans discuter ce point, il se borne à l'approbation générale des règles indiquées par l'Instruction.

Au contraire, dans le Rapport de 1823, le chapitre relatif aux *Paratonnerres pour les magasins à poudre et les poudrières* se termine par cette phrase :

« A défaut de paratonnerres, des arbres élevés, disposés » autour des bâtiments, à 5m ou 6m de leurs faces, les dé- » fendent efficacement de la chute de la foudre. »

L'Instruction de 1807 a été inspirée par la crainte qu'un coup de foudre, après avoir frappé un arbre, s'en détache pour atteindre des objets voisins, surtout s'ils sont très conducteurs, comme des masses métalliques. Les magasins à poudre, renfermant des caisses métalliques ou même des amas de projectiles, seraient ainsi exposés à recevoir des décharges latérales. L'expérience semble indiquer que ces décharges provenant d'un arbre foudroyé sont rares et ne se produisent qu'à très faible distance.

Toutefois divers accidents ont montré que les arbres ne constituent pas une protection efficace, même à la distance de 5^{m} ou 6^{m}, comme l'indiquait Gay-Lussac. Des ateliers dépourvus de paratonnerres ont été foudroyés quoiqu'ils fussent dominés par des arbres très voisins.

Il en résulte que les magasins à poudre extérieurs doivent toujours être protégés, quels que soient les arbres qui les entourent. Ces arbres ne constituent pas un danger sérieux pour les bâtiments voisins, en cas de foudre, tandis qu'ils peuvent atténuer les dégâts causés par une explosion.

En conséquence, la Commission est d'avis qu'il y a lieu d'adopter les résolutions suivantes, en réponse à la Communication de M. le Ministre de la Guerre :

1° Le voisinage des arbres de haute tige ne crée pas un danger pour les magasins à poudre munis de paratonnerres *en bon état*, au moins tant que leur distance est supérieure à 5^{m}.

2° En tous cas, l'éloignement des arbres n'est pas justifié pour les magasins enterrés ou recouverts d'une épaisse couche de terre.

Les conclusions de ce Rapport, soumises au vote de l'Académie, sont adoptées.

PARIS. — GAUTHIER-VILLARS, IMPRIMEUR-LIBRAIRE,

34367 Quai des Grands-Augustins, 55.

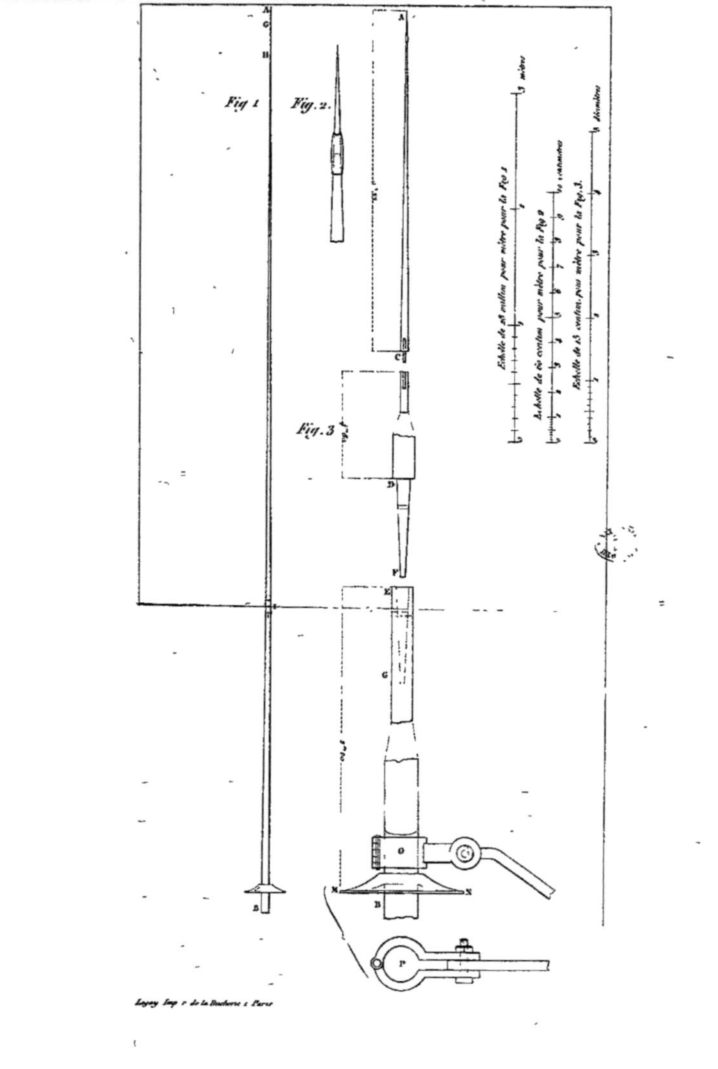

Fig 1
Fig. 2.
Fig. 3
A
C
B
D
E
F
G
O
M
N
P
Echelle de 25 millim pour mètre pour la Fig 1
3 mètres
Echelle de 60 centim pour mètre pour la Fig 2
10 centimètres
Echelle de 15 centim. pour mètre pour la Fig. 3.
5 décimètres

ACTUALITÉS SCIENTIFIQUES

Ouvrages in-18 jésus, ou petit in-8.

DERNIERS OUVRAGES PARUS :

Influence des grands centres d'action de l'atmosphère sur le temps, par RAYMOND. 1 fr. 50 c.

Fabrication des tubes sans soudure (procédé Manesmann), par REULAUX. 75 c.

Manuel pratique d'analyse bactériologique des eaux, par MIQUEL. 2 fr. 75 c.

Bulles de savon. Quatre conférences populaires sur la *Capillarité*, par BOYS, avec 60 fig. et 1 planche. Traduit de l'anglais par CH.-ED. GUILLAUME. 2 fr. 75 c.

Les Projections scientifiques. Etude des appareils, accessoires et manipulations diverses pour l'enseignement scientifique par les projections, par H. FOURTIER et A. MOLTENI. Un volume de 300 pages, avec 113 fig. Broché. 3 fr. 50 c. | Cartonné... 4 fr. 50 c.

Récréations mathématiques; par ED. LUCAS. Quatre jolis volumes, caractères elzévir, titres en deux couleurs. — Tome I (2e édition) : 7 fr. 50 c.; Tome II : 7 fr. 50 c.; Tome III : 6 fr. 50 c.; Tome IV : 7 fr. 50 c.

Les Limites actuelles de notre Science. Discours présidentiel prononcé le 8 août 1894, par le Marquis DE SALISBURY, Premier Ministre d'Angleterre, devant la *British Association*, dans sa session d'Oxford. Traduit par M. W. DE FONVIELLE. 1 fr. 50 c.

La Théorie atomique et la théorie dualistique, *Transformation des formules. Différences essentielles entre les deux théories*, par LENOBLE, Professeur de Chimie à l'Université libre de Lille. 2 fr.

Les Ballons-sondes et les ascensions internationales par M. W. DE FONVIELLE, précédé d'une Introduction pa M. BOUQUET DE LA GRYE, Membre de l'Institut. 2e édition, avec 27 figures. 2 fr. 75 c.

Les Recettes du distillateur, par E. Fierz. Traduit de l'allemand par E. Philippi. 2 fr. 75 c.

La Télégraphie sans fils, par A. Broca. 2e édition. 4 fr.

Analyse électrochimique, par Edg.-F. Smith. Traduit de l'anglais par J. Rosset. Avec 27 figures. 3 fr.

Une langue universelle est-elle possible? Exposé des moyens pour faire le choix et assurer le succès d'une langue scientifique et commerciale universelle, par L. Leau. 1 fr.

Leçons sur les moteurs à gaz et à pétrole faites à la Faculté des Sciences de Bordeaux; par L. Marchis. In-18 jésus de L-175 pages, avec 19 figures. 2 fr. 75 c.

Les Combustibles solides, liquides, gazeux. *Analyse et détermination du pouvoir calorifique.* Traduit de l'anglais par J. Rosset. In-18 jésus, avec 15 figures. 2 fr 75 c.

Traité élémentaire des enroulements des dynamos à courant continu; par F. Loppé. In-18 jésus, avec figures.

Le Radium et la Radioactivité. *Propriétés générales. Emplois médicaux;* par P. Besson. In-16 (19×12), avec 23 figures.

34367 Paris. — Imprimerie GAUTHIER-VILLARS, quai des Grands-Augustins, 55.

www.ingramcontent.com/pod-product-compliance
Ingram Content Group UK Ltd.
Pitfield, Milton Keynes, MK11 3LW, UK
UKHW020328230726
13925UKWH00002B/691

9 782019 137991